Winfried Günther

Graswurzelküche

Verlag Bruno Martin

© Winfried Günther, Text
© der Zeichnungen: Perihan Arpacilar
Deutsche Erstveröffentlichung im Verlag Bruno Martin
Alle Rechte vorbehalten, dies gilt auch für auszugsweisen
Nachdruck, Abdruck in Zeitschriften etc.

Umschlagzeichnungen und Zeichnungen im Buch:
Perihan Arpacilar, Frankfurt
Satz: Indragni-Fotosatz, Ascheberg-Herbern
Der Text wurde in der Chelmsford-Type gesetzt.
Druck: Fuldaer Verlagsanstalt, Fulda

Frankfurt 1980
Verlag Bruno Martin
Saalburgstr. 4
6 Frankfurt 60

ISBN: 3-921786-24-x

Reihe: Überlebensbücher, Band 4

Danksagung: Ich möchte hiermit noch Joschea Molitor für ihre Unterstützung bei der Arbeit am Buch danken. Sie hat mich immer wieder dazu veranlaßt, bei Schwierigkeiten nicht aufzugeben. Joschea hat außerdem die Frauenrezepte (Scheidenspülung, Naturschwämme etc.) und die Wildkräuterkochrezepte ausprobiert und für das Buch geschrieben.
Oktober 1980 Winfried Günther

Inhaltsverzeichnis

Vorwort 7
Ätherische Öle — einfache Parfümherstellung 123
Agar Agar gegen Verstopfung 144
Andorn-Bonbons 27
Angelika-Likör 32
Anti-Stechgetier-Mittel 85
Arme-Leute-Suppe 116
Auf ewig Treu 104
Augenspülung für Babies und Erwachsene 92
Bademehl 71
Badesalz für hartes Wasser 73
Bärenklau-Wein 19
Beinwell-Salbe 117
Bienen- und Wespenstiche 41
Birkenmeth 13
Birkensaft 11
Birkensaft-Haarwasser 12
Birkensaftkonservierung 12
Bittersalz 127
Bittersalzfußbad gegen Erkältung 31
Blähungen u. Völlegefühl 49
Blutwurzpulver 40
Borax 127
Brandy-Huflattich-Tabak 53
Brennessel-Birkensaft-Haarwasser 12
Brennessel und Tomaten gegen Mücken 84
Bromberblättertee 116
Butterfett — gereinigt (Ghee) 126
Buttermilch und Meerettich 62
Calendula-Rosen-Creme 56
Calendula-Rosen-Gesichtsöl 59
Calendula-Rosen-Seife 122
Calendula-Salbe 55
Calendula-Tinktur 77
Calendula-Tinktur-Umschlag 79
Dampfbäder 99
Die magischen Drei (Rheumamittel) 66
Dörrzwetschgen 102
Dörrzwetschgen-Kur 102
Erste Hilfe in Wald und Wiese 41
Erste Hilfe bei offenen Wunden 40

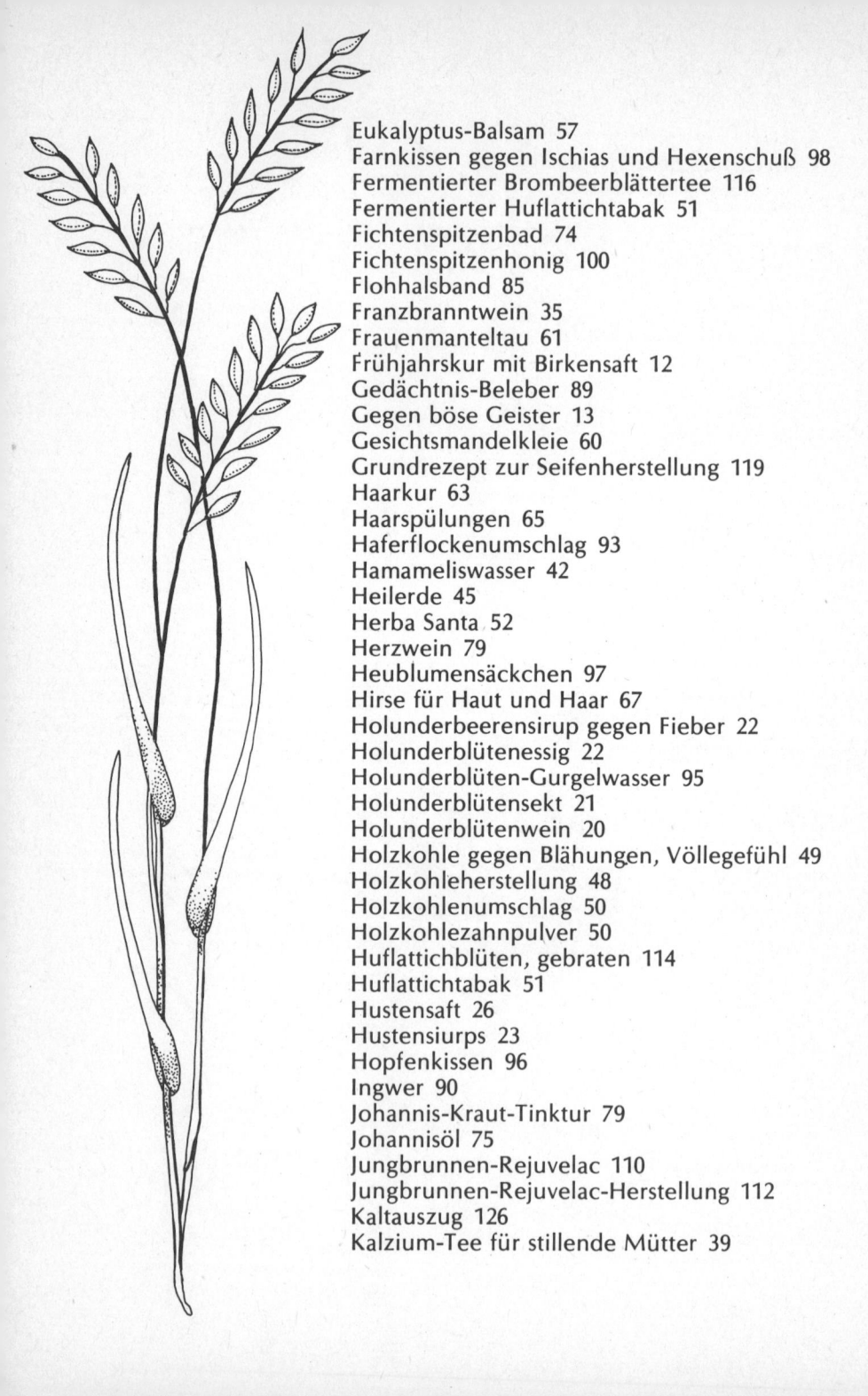

Eukalyptus-Balsam 57
Farnkissen gegen Ischias und Hexenschuß 98
Fermentierter Brombeerblättertee 116
Fermentierter Huflattichtabak 51
Fichtenspitzenbad 74
Fichtenspitzenhonig 100
Flohhalsband 85
Franzbranntwein 35
Frauenmanteltau 61
Frühjahrskur mit Birkensaft 12
Gedächtnis-Beleber 89
Gegen böse Geister 13
Gesichtsmandelkleie 60
Grundrezept zur Seifenherstellung 119
Haarkur 63
Haarspülungen 65
Haferflockenumschlag 93
Hamameliswasser 42
Heilerde 45
Herba Santa 52
Herzwein 79
Heublumensäckchen 97
Hirse für Haut und Haar 67
Holunderbeerensirup gegen Fieber 22
Holunderblütenessig 22
Holunderblüten-Gurgelwasser 95
Holunderblütensekt 21
Holunderblütenwein 20
Holzkohle gegen Blähungen, Völlegefühl 49
Holzkohleherstellung 48
Holzkohlenumschlag 50
Holzkohlezahnpulver 50
Huflattichblüten, gebraten 114
Huflattichtabak 51
Hustensaft 26
Hustensiurps 23
Hopfenkissen 96
Ingwer 90
Johannis-Kraut-Tinktur 79
Johannisöl 75
Jungbrunnen-Rejuvelac 110
Jungbrunnen-Rejuvelac-Herstellung 112
Kaltauszug 126
Kalzium-Tee für stillende Mütter 39

Kampfer 118
Kampferspiritus gegen Rheuma 38
Kapuzinerkressen-Essig 39
Klettenwurzelöl 66
Knoblauch 89
Knoblauch-Klistier 84
Knoblauchstopfen gegen Nasenbluten 40
Kopfwehtee 90
Kräuterbad — ein wohliger Genuß 72
Kräuter-Ghee 103
Kräuterkissen 96
Kräutertabak 51
Krenkette gegen Fieber 103
Kuzu gegen Kater 30
Kuzu und Mebosi 28
Lanolin 123
Lanolin-Seife 121
Lavendel-Erfrischungswasser 63
Lavendel-Rosmarin-Säckchen 96
Liebestrank für ew'ge Treu 109
Liebstöckel 101
Mandelgesichtskleie 60
Mazeration 126
Melissengeist 36
Milch für Liebende 104
Mineralische Badesalze 73
Mistelamulett 81
Mottenmittel 86
Muskelbalsam 72
Myrrhe 80
Myrrhentinktur 80
Nagelbettentzündung 91
Nelken gegen Zahnweh 95
Öl und Knoblauch gegen Läuse 87
Ohrentropfen 87
Ohrenschmerzen 87, 89
Parfümherstellung 124
Rauchen abgewöhnen 94
Rizinus — der Wunderbaum 82
Rizinus für Wimpernwachstum 83
Rizinus-Umschlag 82
Rosmarin gegen Spliss 65
Rosenwasser 124
Salbengrundlage 54

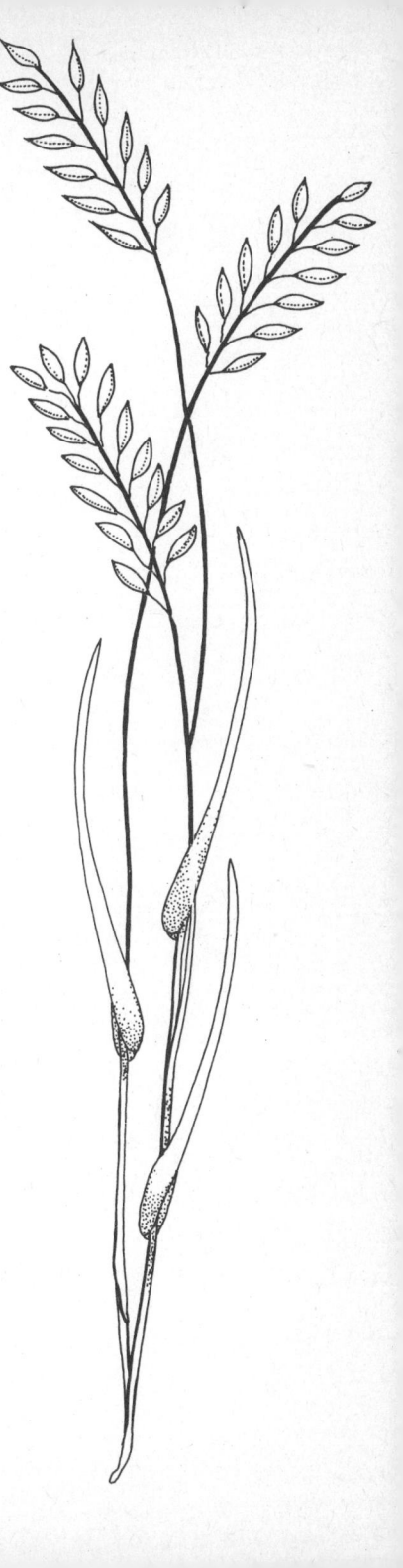

Samenferment 113
Sauerkraut gegen Kopfschmerzen 89
Saunaaufgußmischung 70
Scheidenspülung 106
Schnapsiger Sirup 24
Schwedenkräuter 33
Seeschwämme als Tampons 108
Seifenherstellung — allgemein 119
Seifenherstellung — Grundrezept 119
Sodbrennen 43
Sommersprossen 61
Sonnenbrandmittel 42
Sonnenschutzmittel 42
Spitzwegerich-Sirup 25
Sprudelbad 73
Tinkturen 125
Ulmenbonbons 27
Verstopfung bei Kindern 101
Vogelmierensalbe 57
Wacholder-Scheidenspülung 107
Wacholder-Spiritus 38
Walnüsse gegen überschüssige Galle 71
Warzen am Fuß 92
Warzenmittel 91
Weinherstellung — allgemein 14
Weinherstellung — zu Hause 16
Wiesensalat 115
Wildkräuter 114
Wurmmittel 83
Wurzelentzündung des Zahnes 94
Zaubermittel der Isis — Sesam und Honig 104
Zigarrenasche für schöne Zähne 62
Zimt-Eier (Seifenrezept) 121
Zitronenschalen gegen Erkältung 30
Zitronensirup 23
Zwetschgenwein 17
Zwiebelsaft 41
Zypressenwolfsmilch gegen Warzen 92

VORWORT

Die Arbeit mit Kräutern und natürlichen Heilmethoden ist wohl die älteste medizinische Kunst. Vor der Industrialisierung lag diese Kunst meist in den Händen von Frauen, weil Heilkunde naturgemäß die Sache des biologisch am engsten mit der Erde verbundenen Geschlechts war. Auch heute gibt es noch hervorragende heilkundige Frauen, in manchen Ländern sind es Schamaninen, die mit ungewöhnlichen Methoden arbeiten.
In den islamischen Ländern wurde schon vor tausend Jahren die Medizin entwickelt, und ihre Ergebnisse lassen sich gut mit sogenannten modernen Errungenschaften vergleichen: so entwickelten die Araber als erste die Bakteriologie und Chirurgie und andere Erkenntnisse auf denen die heutige Medizin basiert.
Nun ist es aber so, daß die heutige Medizin überaus technisiert und entfremdet ist. Sie kann zwar Heilerfolge nachweisen, doch sehr häufig behandelt sie entweder nur die Wirkungen und Symptome, aber nicht die Ursachen, oder ihr Einsatz führt zu medikament-bedingten Krankheiten. Das kommt daher, daß sie sich durch die technischen Entwicklungen immer weiter vom Verständnis natürlicher Prozesse abgewandt hat. Es soll nicht bezweifelt werden, daß die moderne Medizin in manchen Fällen durchaus zu Rate gezogen werden kann, doch mindestens genauso wichtig ist die Wiederbelebung natürlicher Heilmethoden. Um den Anspruch des Menschseins zu rechtfertigen, müssen wir selbst die Verantwortung für unser Leben, unsere Gesundheit und Krankheit übernehmen und diese Verantwortung nicht in die Hände von sogenannten Experten legen. Wenn wir etwas aufmerksam unseren Körper und unser Verhalten beobachten, können wir sehr viel

selbst herausfinden und in vielen Fällen uns auch selbst helfen.
Das vorliegende Buch ist kein gewöhnliches und reines Kräuterbuch. Es ist auch in keiner Weise als vollständig anzusehen und es ist zu raten, falls man Interesse hat, sich intensiv mit guten Fachbüchern zu beschäftigen. Die Funktion des Buches liegt darin, mit relativ einfachen Rezepten die Fähigkeit des Einzelnen zu fördern, viele Dinge selbst zu tun und alte und neue Hausmittel auszuprobieren.
Außer Rezepten für die Schönheit, Badezusätze, Weinherstellung, Herstellung von Grundsubstanzen wie Salben, Tinkturen und Kräuterauszügen enthält es Rezepturen für einfache Krankheiten wie Magenverstimmung, Zahnweh, Fieber, Husten und was einem im täglichen Leben sonst noch so passiert. Wenn man lernt, diese gewöhnlichen Krankheiten selbst zu behandeln, gewinnt man Vertrauen in sich selbst, lernt auf gewisse Symptome zu achten und erspart sich, durch chemotherapeutische Mittel wie Sulfonamide vergiftet zu werden. (Die antibakteriologische Wirkung von vielen Kräutern ist längst bewiesen. Ich habe z. B. offene Wunden immer mit Beinwell- oder Arnikasalbe behandelt und nie Wundstarrkrampf bekommen.) Wenn der Körper durch einigermaßen gesunde Ernährung, körperliche Übungen und frische Luft ein gewisses Gleichgewicht hat, entwickelt er meist auch Selbstheilungskräfte, die eigentlich alle „Angriffe" von Keimen und Viren besiegen können. Die Fähigkeit zur Selbstheilung des Körpers wurde längst von der Wissenschaft nachgewiesen. Einfache Kräuteranwendungen und andere natürliche Methoden helfen, diese Selbstheilungskräfte anzustoßen, wenn sie nicht von alleine in Wirkung treten. Die verschiedenen Rezepturen des Buches dienen also dazu, die Selbsthilfetendenzen, die sich als Reaktion gegen eine immer bevormundendere Gesellschaft entwickeln, zu unterstützen. Für ein weitergehendes und ergänzendes Studium sind im Anhang einige Bücher aufgelistet. Auch diese Liste erhebt keinen Anspruch auf Vollständigkeit. Jeder findet oft gerade ein Buch, das ihm persönlich am meisten zusagt.
Noch einige Hinweise: Viele Krankheitssymptome wie Krampfadern, offene Geschwüre, Warzen, Fieber, Husten usw. sind meistens Ausdruck einer tieferliegenden Störung. Diese Tatsache ist sehr wichtig. Denn wenn man äußerliche Symptome scheinbar erfolgreich behandelt hat, können diese möglicherweise ihre Wirkung nach innen, in den

Organismus verlagern. So kann die Behandlung von Pickeln z. B. zu inneren Entzündungen und schlimmeren Sachen führen. Aus diesem Grunde soll man lernen, sich genau zu beobachten: was passiert, wenn ein äußeres Symptom verschwunden ist, das ich vielleicht mit einem vorgeschlagenen Mittel behandelt habe. Oder: Wie kann man ein leichtes Fieber, das Selbstreinigungstendenzen aufweist von einem Fieber unterscheiden, das auf tiefer liegende Ursachen hinweist. Bei einer Grippe sollte man ein heilendes Fieber unterstützen, dazu helfen z. B. Bäder, Schwitzkuren und Kräutertees. Wenn das Fieber nun nach 3 Tagen immer noch nicht weg ist und unverändert hoch bleibt, sollte man auf jeden Fall einen Arzt — möglichst einen Naturheilkundigen oder Homöopathen — zu Rate ziehen, der dann häufig feststellen kann, woran man tatsächlich leidet und einem hier mit anderen, natürlichen Mitteln helfen kann. Für diesen Zweck ist es ratsam, sämtliche Symptome aufzuschreiben, die man erkennen kann, auch Symptome, die früher bei anderen Krankheiten auftraten; damit kann man besonders einem guten Homöopathen helfen. (Hierbei ist auch zu unterscheiden, ob dieser Arzt nur eine festgestellte Krankheit behandelt, oder ob er versucht, sich ein Gesamtbild zu machen und evtl. ein sogenanntes Konstitutionsmittel verschreibt. Das letztere wäre meiner Meinung nach hilfreicher. Doch manchmal muß man eine akute Krankheit zuerst behandeln, um dann zu den tieferen Ursachen vorzustoßen.) **Noch ein Hinweis zu den Rezepten im Buch:** Es kann immer einmal passieren, daß man unter Umständen das Pech hat, daß ein Rezept irgendwie nicht gelingt. Das bedeutet nicht unbedingt, daß das ganze Rezept falsch ist, es kann durchaus sein, daß die Zutaten nicht in Ordnung sind, daß man die Anleitung nicht richtig gelesen hat oder sonstige widrige Umstände aufgetreten sind. Hier sollte man einfach versuchen, etwas zu experimentieren. Die Menge der Zutaten vielleicht etwas verkleinern oder einfach probieren, wie es gehen könnte. (Im Buch „Naturkostschleckereien" fehlte z.B. an einer Stelle der Hinweis auf die Größe eines Plätzchens. Nun, wenn man da jetzt ganz dünne und kleine Plätzchen macht, brauchen diese natürlich nicht so lange im Backofen, als wenn man übliche, dickere Kekse backt. Doch solche Dinge muß man überprüfen, z. B. in den Backofen schauen und nicht einfach die angegebene Backzeit abwarten. Diese Möglich-

keit läßt sich auf andere Rezepte übertragen.) Es wird bei allen Rezeptbüchern notwendig sein, etwas kreativ und selbständig daran zu gehen, beim einen funktioniert es, beim anderen manchmal nicht. Das gleiche Rezept kann einmal gut gelingen, ein anderes Mal nicht. Das ist uns schon mehr als einmal vorgekommen. Wir raten deshalb jedem, sich zwar auf die Rezepte zu verlassen und die Anweisungen zu befolgen und dennoch nicht stur dabei zu bleiben, wenn man merkt, irgendetwas stimmt nicht. Selbsthilfe erfordert auf jeden Fall auch eigenes Nachdenken....
Ich wünsche den Leserinnen und Lesern viel Spaß und einige unterhaltende Stunden mit diesem Buch. Ich sehe schon überall die Tiegel sprudeln, wie zu alten Zeiten.... Vielleicht brauchen wir einige Rezepte in schlechten Zeiten sogar zum Überleben, dann war die Übung besonders wertvoll.

Oktober 1980   Bruno Martin

P.S. zum Vorwort:

Ich möchte noch darauf hinweisen, daß wir im Frühjahr 1981 ein umfangreiches Standardwerk zur Selbstheilung herausbringen: Natürliche Heilung mit Makrobiotik von Michio Kushi, das alle wichtigen Krankheitsindikationen und ihre Heilung mit gesunder makrobiotischer Ernährung enthält.

Birkensaft

Wenn Ende April in den Birken der Saft hochsteigt, ist die Zeit gekommen, um den wertvollen Birkensaft zu gewinnen. Da die wenigsten über einen eigenen Baum verfügen, sollte man sich vorher der Zustimmung des Försters oder Besitzers vergewissern, bevor man eine Birke anbohrt. Um den Saft zu gewinnen, muß man die Rinde und einen kleinen Teil des Holzes anbohren oder aufschneiden. Das Anzapfen schadet den Bäumen nicht so sehr, wenn man sich auf 3 - 5 l pro Baum beschränkt und denselben Baum nur alle 2 Jahre anzapft. Außerdem sollte der Stamm einen Durchmesser von 20 - 30 cm haben. Birkensaft ist die Flüssigkeit, die der Baum aus der Erde aufnimmt und den Ästen und Blättern zuführt. Es ist Wasser mit ca. 2% Traubenzucker, Vitaminen und gelösten Mineralsalzen. Zur Gewinnung des Saftes wird die Rinde in der Größe eines 5-Mark Stückes entfernt, bis man das Holz des Stammes sieht. Nun kratzt man noch etwas am Holz und während des Kratzens sollte es schon anfangen zu tropfen. Kurz unterhalb der Öffnung steckt man ein Stück nichtrostendes Metall (z.B. eloxites Aluminium) in Winkelform und stellt ein Gefäß so auf den Boden, daß der Saft hineintropfen kann. Ein Glasbehälter ist dafür am geeignetsten. Plastik und Zink sind nicht zu empfehlen (s.a. Gefäße und Behältnisse).
Bei günstigem Wetter können aus einem Baum mit großer Krone in 24 Std. bis zu 2 l Saft herauslaufen.
Der aufgefangene Saft sollte möglichst frisch verbraucht oder konserviert werden.
Die dem Baum zugefügte Wunde muß mit Wundwachs verschlossen werden, da sonst der Baum unnötig Saft verliert. Außerdem verhindert das Wundwachs Infektionen, die sonst an der Wunde entstehen können, bis der Baum sich von alleine einen Schutz schaffen kann. Wundwachs ist in jeder Gärtnerei zu kaufen.

Frühjahrskur

Jeden Morgen vor dem Frühstück ein Gläschen voll Birkensaft trinken. Der Birkensaft schmeckt ganz leicht fruchtig, hat jedoch keinen sehr starken Eigengeschmack. Der frische Saft hat blutreinigende Wirkung und vertreibt schnell Frühjahrsmüdigkeit.

Birkensafthaarwasser

Reiner, unvermischter Birkensaft ist ein einfaches und sehr wirksames Haarwasser. Man kann ihn entweder ins nasse Haar nach dem Waschen einreiben und dann die Haare trocknen lassen oder man benutzt ihn morgens, um „verschlafene Haarwirbel" zu bändigen. Ein gutes Mittel, um bei Haarausfall den Nachwuchs zu unterstützen. Birkensaft ist in vielen käuflichen Haarwassern enthalten.

Brennesselbirkensafthaarwasser

Um die Wirkung des Birkensaftes noch zu unterstützen, kann man mit ihm einen Brennesselkaltauszug (sog. Auslaugung) ansetzen. Dazu nimmt man eine Handvoll getrockneter Brennessel und gießt den kalten Birkensaft darüber. Nach ca. 24 Stunden siebt man die Flüssigkeit und kann den so gewonnenen Saft wie Birkenhaarwasser anwenden. Man kann auch frische Brennessel nehmen, jedoch wird der Auszug bei getrocknetem Kraut stärker.

Birkensaftkonservierung

Will man Birkensaft länger als eine Woche aufheben, so muß man ihn so behandeln, daß er nicht verdirbt. Erhitzen und in saubere Flaschen abfüllen wäre eine einfache Methode. Ich finde, daß ein so wertvoller Saft zu schade ist, als daß man ihn durch Kochen eines Großteils seiner Wirkstoffe beraubt. Wer diese Skrupel jedoch nicht hat, kann folgendes Rezept verwenden.

1 l Birkensaft
5 g Thymian
5 ganze Nelken
30 ccm Alkohol

Der Birkensaft wird mit den Nelken und dem Thymian zum Kochen (wer ein Thermometer hat, braucht nur bis 80° C zu gehen) gebracht, schnell durch ein Tuch gegeben und mit dem Alkohol versetzt. In saubere Flaschen füllen und sofort verschließen.

Birkenmeth

Es ist auch möglich, den Birkensaft zu vergären und ihn dadurch (durch den entstehenden Alkohol) haltbar zu machen. Das Rezept sieht dann so aus, daß man Meth macht, anstatt Wasser jedoch Birkensaft nimmt.

2,5 l Birkensaft
2 Teelöffel Zitronensäure
1 Packung Reinzuchthefe (Liebfrauenmilch, Steinberg o.ä.)
2 - 3 Hefenährsalztabletten
750 - 1250 g guten Honig (Akazie oder einen anderen flüssigen Honig)
10 g feines Mehl

Hat man einen flüssigen Honig, werden alle Zutaten gemischt und in einen Gärballon gefüllt. Hat man aber einen festen Honig, so muß man ihn erst im Wasserbad flüssig machen, damit er sich im Birkensaft auflöst. Die Flüssigkeit darf jedoch nicht über 25° C warm sein, wenn man die Hefe dazugibt. Die Hefenährsalztabletten sind dafür da, daß die Hefen am Anfang etwas Stickstoff bekommen und sich so richtig rasant vermehren können. Das Weizenmehl dient als Trübstoff, damit die Hefen beim Gärprozeß an die kleinen Teilchen stoßen und herumgewirbelt werden. Nach Beendigung des Gärvorgangs, beim Klarwerden des Weins, setzen sie sich mit den absterbenden Hefen am Grunde ab.
Die Gärzeit beträgt je nach Temperatur 2 - 7 Monate. Ist der Wein ausgegoren, d.h. steigen keine Blasen mehr im Gährrohr auf, wird der Wein vom Bodensatz abgezogen und in einem anderen Behälter noch 1 - 2 Wochen nachgeklärt, bevor er auf Flaschen aufgezogen oder gleich getrunken wird. Diesen Wein genießt man am besten schnapsglasweise. Ein „wahres Tröpfchen", mit dem man guten Freunden die Wertschätzung ihrer Person demonstrieren kann. Die Menge des Honigs im Rezept bestimmt die Süße des fertigen Weines. Nimmt man 750 g

oder vielleicht sogar nur 600 g, so bekommt man einen „sauren Meth", d.h. der Honig wird ganz vergoren und der Wein wird recht herb. Nimmt man dagegen 1250 g, so bleibt auch nach Beendigung der Gärung noch ein Anteil an unvergorenem Honig und der Wein wird süß. Bei diesen Mengen Honig entscheidet auch etwas der Preis, ob man einen süßen oder sauren Meth machen will.

Weinherstellung — allgemein

Die bei uns bekanntesten Weine sind Trauben- und Apfelweine. Durch Vergären des Saftes der Trauben und Äpfel entsteht der Wein. Man kann jedoch aus sehr vielen Blüten, Früchten und grünen Pflanzen Wein herstellen, d.h. man bekommt (entsprechend dem Wortlaut des Gesetzes) „Weinähnliche Getränke". Der Vorgang des Weinherstellens, die Gärung, ist im Prinzip sehr einfach. Die Flüssigkeit, die vergoren werden soll, muß einen bestimmten Gehalt an Zucker haben (es kann sich um Fruchtzucker, Rohrzucker oder Malzzucker handeln). Außerdem muß in der Flüssigkeit Hefe vorhanden sein. Hefen sind Einzeller und zählen zu den Pilzen. Sie können ohne Sauerstoff auskommen und fangen dann an, den in der Flüssigkeit enthaltenen Zucker zu vergären. Deshalb ist es wichtig, daß die Gärung unter Luftabschluß stattfindet. Ist dies nicht der Fall, verlangsamt die Gärung sehr stark und es können Organismen in die Flüssigkeit eindringen und diese zu Essig verwandeln oder schlecht werden lassen.
Bei Trauben- und Apfelwein befinden sich die Hefen schon direkt nach dem Pressen des Saftes in der Flüssigkeit, da sie schon auf den Früchten vorkommen. Steht der Saft außerdem vor der eigentlichen Hauptgärung noch einige Tage offen, so fallen aus der Luft weitere Hefen in die Flüssigkeit und fangen an, den Zucker in Alkohol und Kohlendioxyd zu verwandeln. In den verschiedenen Weinlagen Deutschlands gibt es sehr verschiedene Heferassen. Sie sind es, die neben anderen Faktoren sehr stark für den Geschmack des Weines verantwortlich sind. Ein Riesling schmeckt nicht immer gleich.
Früchte enthalten jedoch nicht nur Zucker, sondern auch Fruchtsäuren. Diese sind nach dem Vergären mit für den ausgewogenen Geschmack und die Haltbarkeit des Weines verantwortlich. Aus den Fruchtsäuren der unreifen Früchte

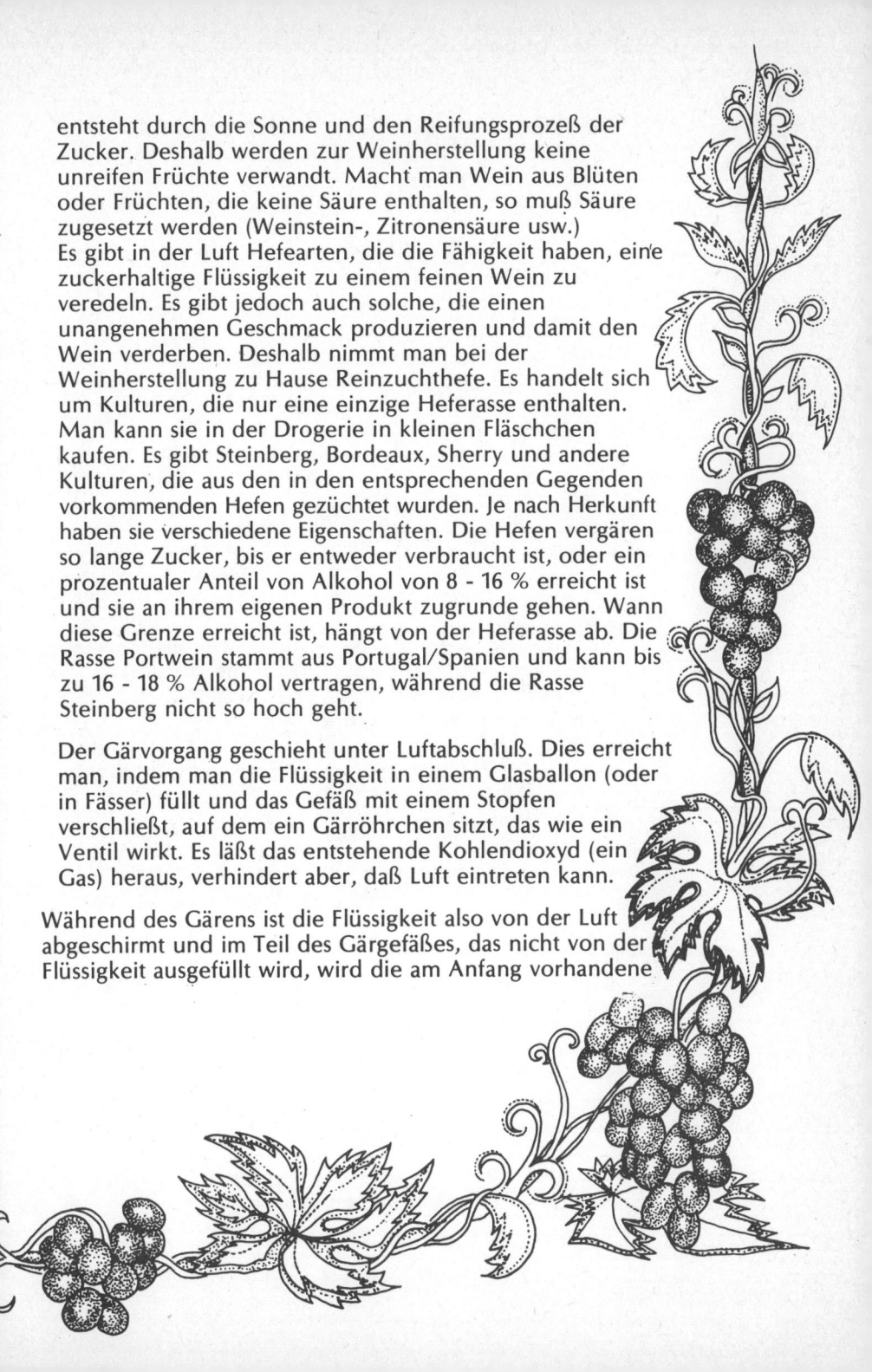

entsteht durch die Sonne und den Reifungsprozeß der Zucker. Deshalb werden zur Weinherstellung keine unreifen Früchte verwandt. Macht man Wein aus Blüten oder Früchten, die keine Säure enthalten, so muß Säure zugesetzt werden (Weinstein-, Zitronensäure usw.)
Es gibt in der Luft Hefearten, die die Fähigkeit haben, eine zuckerhaltige Flüssigkeit zu einem feinen Wein zu veredeln. Es gibt jedoch auch solche, die einen unangenehmen Geschmack produzieren und damit den Wein verderben. Deshalb nimmt man bei der Weinherstellung zu Hause Reinzuchthefe. Es handelt sich um Kulturen, die nur eine einzige Heferasse enthalten. Man kann sie in der Drogerie in kleinen Fläschchen kaufen. Es gibt Steinberg, Bordeaux, Sherry und andere Kulturen, die aus den in den entsprechenden Gegenden vorkommenden Hefen gezüchtet wurden. Je nach Herkunft haben sie verschiedene Eigenschaften. Die Hefen vergären so lange Zucker, bis er entweder verbraucht ist, oder ein prozentualer Anteil von Alkohol von 8 - 16 % erreicht ist und sie an ihrem eigenen Produkt zugrunde gehen. Wann diese Grenze erreicht ist, hängt von der Heferasse ab. Die Rasse Portwein stammt aus Portugal/Spanien und kann bis zu 16 - 18 % Alkohol vertragen, während die Rasse Steinberg nicht so hoch geht.

Der Gärvorgang geschieht unter Luftabschluß. Dies erreicht man, indem man die Flüssigkeit in einem Glasballon (oder in Fässer) füllt und das Gefäß mit einem Stopfen verschließt, auf dem ein Gärröhrchen sitzt, das wie ein Ventil wirkt. Es läßt das entstehende Kohlendioxyd (ein Gas) heraus, verhindert aber, daß Luft eintreten kann.

Während des Gärens ist die Flüssigkeit also von der Luft abgeschirmt und im Teil des Gärgefäßes, das nicht von der Flüssigkeit ausgefüllt wird, wird die am Anfang vorhandene

Luft durch das entstehende Kohlendioxyd verdrängt. Hat die Gärung ihren Endpunkt erreicht, so übernimmt der Alkohol die Konservierung. Wird ein Wein in aller Ruhe richtig vergoren und ist er dann „ausgegoren", so braucht er nicht mehr mit irgendwelchen Konservierungsstoffen haltbar gemacht werden. Bei großen Weingütern wird zum Reinigen der Fässer und Flaschen Schwefel benutzt (damit werden auch oft Trockenfrüchte wie Birnen und Aprikosen behandelt, damit sie ihre helle Farbe behalten). Füllt man Wein selber auf Flaschen ab, muß man lediglich sauber arbeiten, um eine gute Haltbarkeit zu erzielen. Ich habe selbstgemachten Wein nun schon seit 4 Jahren im Keller und er ist immer noch einwandfrei.

Ein anderer wichtiger Aspekt bei der Weinherstellung ist nicht nur die Produktion von Alkohol als Genußgift, sondern auch die damit mögliche Haltbarmachung von Säften oder anderen Flüssigkeiten (s.a. Birkenwasser-Meth Rezept).

Weinherstellung — zu Hause

Die Zutaten (Fruchtsaft, Zucker, Honig, Hefenährsalz, Früchte oder Blüten, Wasser usw.) werden gemischt. Muß man die Flüssigkeit etwas erwärmen, um z.B. Honig aufzulösen, sollte man daran denken, daß die Flüssigkeit nicht heißer als 25° C sein darf, wenn man Reinzuchthefe dazugibt, da die Hefe bei 28° C abstirbt. Die gemischte Flüssigkeit kommt in einen Gärballon (meistens große Flaschen mit einem Inhalt von 25 oder 50 l), der mit einem Korken oder Gummistopfen mit Loch verschlossen wird. In dieses Loch kommt das Gärröhrchen. Bevor man nun das Gärröhrchen mit Wasser füllt, bläst man in den Ballon hinein, um zu sehen ob die Kappe und das Gärröhrchen luftdicht auf dem Ballon sitzen. Bei der nun folgenden Gärung liegt die beste Temperatur bei ca. 22 - 24° C. Man kann die Gärung beschleunigen, wenn man den Ballon ab und an schüttelt. Wenn die Gärung richtig einsetzt, sieht man im Röhrchen Luftblasen aufsteigen. Hat der Wein einen bestimmten erwünschten Geschmack erreicht, kann man die Gärung abstoppen, indem man die Flüssigkeit auf über 30° C erwärmt. Dann stirbt die Hefe ab und es bleibt vielleicht noch etwas Restsüße, d.h. ein Zuckerrest, der sonst auch noch zu Alkohol vergoren worden wäre.

Unternimmt man nichts (was meistens der Fall sein wird), dann hört die Gärung irgendwann von selbst auf. Man sieht auch nach dem Schütteln keine Blasen mehr im Gärröhrchen aufsteigen. Am Grund des Ballons setzt sich eine Schicht von abgestorbenen Hefen ab. Die Flüssigkeit bleibt noch einige Tage stehen und wird dann von der Hefe abgezogen. Die Hefe muß weggeschüttet werden. Jetzt ist der junge Wein schon fertig. Am besten ist es jedoch, wenn man ihn noch nicht gleich ganz auftrinkt, sondern noch ein bis zwei Wochen nachklären läßt und dann noch einmal von eventuellem Satz abzieht und dann erst trinkt oder in Flaschen abfüllt.

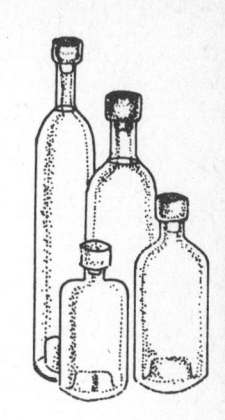

Zwetschgenwein

Zwetschgenwein hat ähnlich wie Dörrpflaumen eine milde Abführwirkung. Hat man eine große Menge Zwetschgen, die verarbeitet werden müssen, dann kann man daraus ganz prima Zwetschgenwein machen. Aber selbst, wenn man die Zwetschgen kaufen muß lohnt es sich, denn der Wein ist sehr schmackhaft.

6 kg reife Zwetschgen
4 l Wasser
1,5 kg Zucker
4 Hefenährsalztabletten
1 Packung Reinzuchthefe (Bernkastler oder Liebfrauenmilch)

Am besten ist es, die Zwetschgen bis Mitte oder Ende Oktober hängen zu lassen und dann zu ernten, da sie dann schon recht reif und süß sind. Die Zwetschgen müssen zuerst entsteint und durch einen Fleischwolf gedreht werden, damit sie möglichst klein zermahlen werden. Dann kommen sie als erstes in den Gärballon. Der Zucker wird im Wasser aufgelöst. Das Zuckerwasser kommt

zu den Zwetschgen in den Ballon. Am Schluß gibt man noch das Hefenährsalz und die Reinzuchthefe dazu. Vor dem Aufsetzen der Gummikappe und des Gärröhrchens wird der Ballon noch einmal kräftig geschüttelt.
Der Wein muß ungefähr 1/2 Jahr gären, da er ja im Hebst angesetzt wird, und es im Winter durch die niedrigeren Temperaturen zu einer Verlangsamung der Gärung kommt. Hat man den Wein im Warmen (etwa im Heizungskeller) stehen, dann gärt er natürlich schneller und kann im neuen Jahr schon fertig sein. Nachdem die Gärung beendet ist, zieht man den Wein vorsichtig ab, ohne den Satz (das Fruchtfleisch kann bis zu 1/3 der Gesamtmenge ausmachen) aufzurühren. Am Schluß preßt man die zurückbleibende Maische durch ein feines Tuch und läßt diese Flüssigkeit noch einige Wochen ruhen, bis auch hier die kleineren Schwebeteilchen sich abgesetzt haben, damit ein klarer Wein entsteht. Dann zieht man die Flüssigkeit vom Satz ab und kann diese zu dem zuerst abgezogenen Wein dazugeben

Bärenklau-Wein

Bärenklau ist eine sehr häufig vorkommende Wiesenpflanze, die man zum Zubereiten eines weinartigen Getränkes verwenden kann, das zwar keine besonderen Heileigenschaften hat, aber ganz interessant schmeckt. Der fertige Bärenklauwein ist etwas herb und hat einen leichten Geschmack nach Möhren. Früher wurde ein aus Bärenklau zubereitetes Getränk auch „Arme-Leute-Bier" genannt:

450 g Zuckerrübensirup (Grafschafter Goldsaft oder Demeter-Sirup)
1 Packung Reinzuchthefe, Rasse Burgunder o.ä.
2 Hefenährsalztabletten
1 Teelöffel Zitronensäure
1/2 Teelöffel Mehl
3 l Wasser
500 g Blattstengel vom Bärenklau

Nachdem man die Blattstengel (also nicht die Teile, denen die Blüten oben ansitzen) gesammelt hat, werden sie etwas gewaschen, um eventuelle Erdreste zu entfernen. Die beste Zeit zum Bärenklau sammeln ist der Monat Juni, weil dann die Stengel schon recht dick sind und man nicht so viele kleine Stengel sammeln muß. Das günstigste ist, die Stengel durch einen Fleischwolf zu drehen, oder sie mit einem Messer in möglichst kleine Stückchen zu schneiden. Hat man sie zerkleinert, können sie schon in den Gärballon gesteckt werden. Ein Teil des Wassers wird erwärmt, um darin den Zuckerrübensirup lösen zu können. Dieser Teil und der Rest des Wassers werden zu dem Bärenklau in den Ballon gegeben. Man füllt die Zitronensäure, das Mehl und die Hefenährsalztabletten zu der Mischung, und wenn die Flüssigkeit nur noch lauwarm ist, gibt man die Hefe dazu. Der Ballon sollte zum Gären warm stehen. Nach 2 - 3 Wochen ist der Wein ausgegoren und recht herb. Will man einen etwas süßen Wein, kann man die Gärung durch Erwärmen des Ballons auf übr 30° C nach 3 - 4 Wochen abstoppen.

Holunderblütenwein

Die Wirkung dieses Weins auf den Körper ist ganz einfach: er schmeckt gut, ist nicht sehr stark und man fühlt sich wohl, wenn man ein Gläschen oder zwei trinkt. Wenn das kein Heilmittel ist! Es ist einfach herzustellen und kostet nicht viel. Vom Geschmack her ist er mein Lieblingswein. Man kann ihn nur mit frischen und nicht mit getrockneten Blüten herstellen.

2 l Wasser (am besten Quellwasser)
7 große Holunderblütendolden
40 g Weinsteinsäure
2 - 3 Zitronen (unbehandelt)
750 g Zucker
5 l Wasser

Die Holunderblüten werden mit der Weinsteinsäure und 2 l Wasser zusammen in einem Gefäß angesetzt; 24 Stunden ruhen lassen. Dann gibt man die Zitronen, den Zucker und die restlichen 5 l Wasser dazu. Nach weiteren 24 Stunden Ruhe holt man die Holunderblüten aus der Flüssigkeit heraus und läßt den Ansatz mit den Zitronen noch einmal 24 Stunden stehen. Danach wird die Flüssigkeit gut filtriert und in einen Gärballon gefüllt, der mit einem Gärröhrchen verschlossen wird. Bei günstiger Temperatur sollte die Gärung in 10 - 12 Wochen beendet sein. Der Wein wird von der Hefe abgezogen und auf Flaschen gefüllt, oder am besten bald getrunken. Man muß unbedingt darauf achten, daß die Zitronen nicht gespritzt sind, da sonst die Gärung verhindert werden kann. Befindet sich auf der Schale ein Schimmelverhütungsmittel (etwa Diphenyl), dann trifft es auch die Hefen, die sehr eng mit den Schimmelpilzen verwandt sind.

Holunderblütensekt

Um Holunderblütensekt zu machen, muß man sich genau das Rezept „Holunderblütenwein" ansehen. Im Prinzip handelt es sich um den gleichen Ansatz. Da der Holunderblütenwein aber recht lange gärt, kann man sich schon etwas für den Sommer herstellen. Dazu füllt man die Flüssigkeit, nachdem sie 3 Tage gestanden und fertig zum Gären ist, in verschließbare Flaschen. Da die entstehende Kohlensäure (bzw. das Kohlendioxyd) nicht aus dem Gefäß entweichen kann, bleibt sie in der Flüssigkeit gelöst (ähnlich wie beim Sekt oder Traubenwein) und man hat innerhalb von 3 - 4 Wochen ein schaumiges, kaum alkoholhaltiges Getränk. Dazu braucht man

einige Flaschen mit Patentverschluß
fertigen Ansatz Holunderblütenwein

Man muß Hochdruckflaschen benutzen, d.h. solche Bierflaschen, wie sie früher üblich waren. Heute gibt es nur noch eine Brauerei in Flensburg, die diese Flaschen benutzt. Twist-Off Gläser können den Druck der entstehenden Kohlensäure nicht aushalten und die Deckel werden undicht. Sind die Deckel dicht, dann können die Gläser zerspringen (Also Vorsicht!). Oft findet man noch auf dem Speicher solche Flaschen, oder man kann sie in Geschenk-Boutiquen wieder kaufen. Der fertige Weinansatz wird also in die Flaschen gefüllt und nach einiger Zeit sieht man in der Flüssigkeit, wie die Bläschen hochsteigen. Dann kann man schon mal probieren. Ist die Gärung vorangeschritten, wird die Flasche aufgemacht. Die Hefe steigt vom Boden mit dem Kohlendioxyd nach oben und quillt aus der Flasche. Dann kann man die Flasche wieder verschließen. Wie lange sich dieser „Sekt" aufheben läßt, kann ich nicht genau sagen, weil er bei mir immer schon nach 2 Monaten restlos verschwunden ist.

Holunderblütenessig

Holunderblüten ergeben nicht nur einen guten Wein (s.a. Holunderblütenwein), sondern sie entfalten mit Essig versetzt ihre Heilwirkungen. Man kann sich auf diese Weise ein bißchen von der Farbe und dem Duft des Sommers einfangen (s.a. Essig aus Kapuzinerkressenblüten). Bei hohem Fieber hilft ein Eßlöffel Holunderblütenessig auf ein Glas Wasser. Mischt man Wasser und Holunderblütenessig zu gleichen Teilen, hat man ein gutes Wasser zum Gurgeln, wenn's im Halse kratzt.

50 g Holunderblüten (ohne Stengel)
200 ccm Apfelessig (o.ä. guten Essig)

Der Holunder blüht im Mai und Juni. Wenn man ihn sammelt, sollte man darauf achten, daß die meisten der kleinen Blütchen in den Dolden schon aufgeblüht sind. Nach dem Sammeln zupft man die Blütchen so gut es geht von den Stengeln. Schon etwas vertrocknete Blüten sollte man aussortieren. Hat man ein weithalsiges Gefäß gefunden, preßt man die Blüten gut hinein und füllt mit dem Essig auf. Es kann sein, daß man etwas mehr Essig braucht damit alles gut bedeckt ist. Das Gefäß wird mit einem Tuch oder einem Korken verschlossen, 8 Tage an einem warmen Ort stehengelassen. Danach werden die Blüten abgesiebt und der Essig ist fertig. Im Keller an einem kühlen Ort aufbewahren. Hat man genug davon gemacht, kann man den Holunderblütenessig ruhig auch im Winter zum Würzen von Salat und anderen Gerichten verwenden.

Holunderbeerensirup gegen Fieber

Ein gutes Fiebermittel für das ganze Jahr ist Holunderbeerensirup, den man im Herbst (so Ende September) aus den frischen Holunderbeeren herstellt. Die reifen Dolden (fast alle Beeren sollten tiefschwarz sein) werden entsaftet. Das geht am einfachsten mit einem Dampfentsafter. In Ermangelung eines solchen nimmt man die Beeren und kocht sie in etwas Wasser, dazu muß man jedoch (Im Gegensatz zum Entsaften mit dem Dampfentsafter) die Beeren gut von den Stengeln streifen. Hat man die Beeren weichgekocht, preßt man sie durch

ein Tuch, so daß der Saft herausläuft. Der Saft wird mit etwas Ingwer und Nelken (fein gemahlen) gewürzt und 1/2 Stunde lang auf kleiner Flamme ohne Deckel etwas dickgekocht. Mit Honig (3 - 4 Eßlöffel pro Liter Saft) süßen und den noch heißen Sirup in saubere Flaschen füllen und sofort verschließen.
Im Falle eines Fiebers kann man die folgende Mischung geben. 1 Teil Wasser, 1 Teil Holunderbeerensirup werden erhitzt und möglichst heiß getrunken. Man kann auch pro Tasse heißen Kuzus (s.a. Kuzu und Mebosi) zwei Teelöffel Holunderbeerensirup dazugeben.

Hustensirups

Im Herbst und Frühjahr sind besonders der Hals und die Nase anfällig für Krankheiten. Nasses, kühles Wetter geht einher mit dem Kribbeln in der Nase und dem Kratzen im Hals. Es dauert nicht lange und Schnupfen und Husten sind da. Welche Erleichterung bringt da ein Hustensirup oder Hustenbonbon, wenn man sie zur Hand hat. Um solchen Gelegenheiten vorzubeugen, lohnt es sich, rechtzeitig einen Vorrat selbst herzustellen. (Viele der in Apotheken käuflichen Hustenmittel enthalten Codein — ein Opiat.) Hustensirups sind schleimlösend und schmerzlindernd. Ihre desinfizierende Wirkung bekämpft Bakterien. Da sie geschluckt werden, gelangen sie in den Magen und nehmen durch den Verdauungsprozeß direkten Einfluß auf den ganzen Körper. Je nach Art der verwandten Kräuter gibt es mehr oder weniger bittere, leicht stimulierende oder stark schleimlösende Hustensirups.

Zitronensirup

15 g Fenchel
15 g Thymian
15 g Beinwellblätter
15 g Hagebuttenschalen
15 g Zitronenschale (ungespritzt)
1 l Wasser
6 Eßlöffel Honig
Saft von zwei Zitronen

Das Wasser zum Kochen bringen und über die Kräuter gießen. 30 Minuten lang in einem Gefäß zugedeckt ziehen lassen. Die Kräuter absieben und die Flüssigkeit so lange auf kleiner Flamme heiß halten, bis sie auf 1/2 - 1/3 des ursprünglichen Volumens reduziert ist. Da kein Zucker verwendet wird, wird die Flüssigkeit nicht viel dicker werden, als sie vorher schon war. Den Saft vom Feuer nehmen und den Honig und den Zitronensaft hinzufügen. Möglichst ganz heiß in kleine dunkle Flaschen abfüllen. Das Verdunsten sollte bei möglichst niedriger Temperatur geschehen.

Schnapsiger Sirup

20g geschälte und fein geschnittene Süßholzwurzel
20 g Salbei
20 g Wintergrün
750 ccm Wasser
2 Eßlöffel Thymian-Vanille Tinktur
5 Eßlöffel Honig
1 Tropfen Pfefferminzöl (nach Wahl)
Saft einer Zitrone

Um diesen Sirup herzustellen braucht man etwas Thymian-Vanille Tinktur, die man auf folgende Weise herstellt:

10 g Thymian
1/2 Stange Vanille
3 - 4 Eßlöffel Äthanol (60 - 70%)

In einem kleinen Gläschen mit gut schließendem Deckel werden der Thymian und die der Länge nach aufgeschlitzte Vanillestange gelegt und mit dem Alkohol bedeckt. Dieser Ansatz soll ca. 14 - 15 Tage in der Sonne stehen, damit die Heilstoffe in den Alkohol gelangen können und dort gelöst wirksam bleiben. Die Bereitung des Sirups selbst erfolgt ähnlich wie beim Zitronensirup. Die Kräuter werden überbrüht und die Flüssigkeit nach dem Absieben der Kräuter auf die Hälfte eingekocht. Der Honig, der Zitronensaft und die Thymian-Vanille Tinktur werden dazugegeben. Wer gerne den Geschmack von Pfefferminz mag, kann noch einen Tropfen Pfefferminzöl hinzufügen.

Spitzwegerich-Sirup

Dieser Sirup ist gut für alle Krankheiten der Brust und Atemwege geeignet. Bei schleimigem Husten, Atemnot usw. findet er genauso Anwendung, wie bei Halsschmerzen. Seine Herstellung dauert einige Zeit, da er gären muß, was sich über einige Monate hinzieht.
Am Anfang des Sommers sammelt man eine gute Menge Spitzwegerichblätter. Man braucht außerdem ein 1 l Einmachglas und ca. 600 - 700 g guten Honig. Am besten nimmt man eine Sorte, die schon leicht flüssig ist, wie z.B. Akazienhonig. Man gibt einen Teil der trockenen (!) Blätter als unterste Lage ins Glas und gießt etwas Honig darauf, so daß sie gut bedeckt sind. Dann folgt die nächste Schicht Blätter und etwas Honig. Man fährt fort, bis das Glas voll ist. Das Glas bleibt einen Tag stehen, damit sich der Inhalt etwas setzen kann. Man füllt bis zum Rand mit Honig auf und verschließt das Glas mit mehreren Schichten Pergamentpapier. Das fertig vorbereitete Glas wird an einer Stelle im Garten 50 cm tief vergraben. Man legt ein kleines Brettchen auf das Glas und oben einen Stein. Außerdem sollte man sich nach dem Zuschütten die Stelle gut markieren. Durch die gleichmäßige Temperatur kommt es zu einer Gärung, die nach 3 - 4 Monaten abgeschlossen sein sollte. Dann holt man das Glas aus dem Boden und preßt den Honig aus den Blättern, so gut es geht. Hat man eine Obstpresse, kann man diese verwenden. Wer keinen Garten oder keine Möglichkeit des Vergrabens hat, kann die Gärung auch an einem gleichmäßig temperierten Ort (20° C) durchführen. Es sollten jedoch keine Temperaturschwankungen auftreten, da diese den Gärprozeß unterbrechen könnten.
Ein Glas, in dem der Sirup angesetzt wird, sollte möglichst sehr sauber sein. Am besten, man spült es ganz heiß aus und läßt es ohne Abtrocknen auf dem Kopf stehen, bis es absolut trocken ist. Dann spült man es noch einmal mit hochprozentigem Alkohol aus.
Den fertigen Sirup füllt man in Flaschen, die man auf die gleiche Art sauber gemacht hat. Wer ganz sicher gehen will, kann den Honig vorher noch einmal kurz aufkochen. Der Honig ist jedoch in der Lage, den Sirup zu konservieren, vorausgesetzt, man hat sauber genug gearbeitet.

Hustensaft

Diesen Hustensaft kann man das ganze Jahr über herstellen, da er aus getrockneten Kräutern zubereitet wird. Kommt jedoch im Frühjahr oder Herbst ein Husten, ist es besser, wenn man sich schon einen Vorrat angelegt hat.

10 g Ulmenrinde
6 g Andorn
5 g Königskerzenblüten
5 g Spitzwegerich
500 ccm Wasser
Saft einer Zitrone
4 Eßlöffel Honig

Das Wasser wird zum Kochen gebracht. Dann gibt man die Kräuter dazu und läßt sie einige Minuten ziehen (nicht mehr kochen). Das Wasser wird durch ein Teesieb gegossen und es kommen noch der Zitronensaft und der Honig dazu. Die Flüssigkeit wird noch einmal kurz aufgekocht und sofort in saubere Flaschen gefüllt und verschlossen. Leider muß man hier den Honig kochen, wodurch er einen Teil seiner Heilkraft einbüßt, aber sonst ist es nicht möglich, den Saft in Flaschen zu füllen, um ihn längere Zeit aufzubewahren. Bereitet man den Hustensaft frisch zu, für den sofortigen Gebrauch, dann läßt man das Wasser abkühlen, bis es gerade noch warm genug ist, um den Honig darin zu lösen. Den Zitronensaft kann man dann in die schon erkaltete Flüssigkeit geben.
Soll der Saft für Kinder sein, kann es passieren, daß sie den sehr strengen Andorngeschmack nicht mögen. Dann gibt man nur die Hälfte der angegebenen Menge Andorn ins Wasser und nimmt stattdessen ein paar Huflattichblätter. Man kann auch den Saft mit etwas mehr Honig süßen.

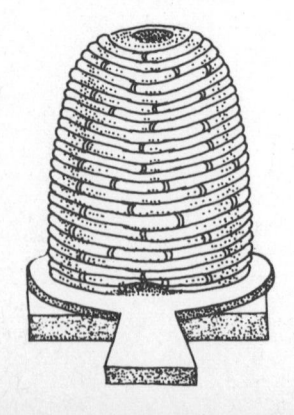

Andorn-Bonbons

Andorn-Bonbons sind gut für die Lunge und den Hals. Bei Husten oder Erkältung kann man sie sich selbst herstellen. Sie schmecken durch den Wirkstoff Marubin des Andorn zwar etwas bitter, aber der Honig und die Butter gleichen diesen sehr bitteren Geschmack etwas aus.

7 Eßlöffel gereinigtes Butterfett (s.a. Anhang)
5 g getrockneten Andorn
7 Eßlöffel Honig
evtl. etwas Anis

Den Andorn im Butterfett so lange auf kleiner Flamme kochen, bis man durch eine Geschmacksprobe feststellen kann, daß das Aroma auf die Butter übertragen wurde. Die Kräuter vorsichtig durch ein Sieb heraussieben und die Butter durch ein Tuch geben, falls sich noch andere Unreinheiten darin befinden. Den Honig hinzugeben und so lange auf kleiner Flamme weitersieden, bis der Honig, wenn man einen Tropfen in eiskaltes Wasser laufen läßt, hart wird und eine Kugel bildet. Das dauert insgesamt 15 - 20 Minuten. Vorher zerläuft der Honig einfach in der Flüssigkeit und löst sich sofort auf. Ist der gewünschte Punkt erreicht, füllt man eine Schüssel mit eiskaltem Wasser und läßt die Bonbonrohmasse langsam löffelweise hineinlaufen. Hat man alles ins Wasser gegeben, wird das Wasser abgeschüttet und man holt die einzelnen Batzen Andorn-Bonbons heraus. Sie sind noch etwas klebrig und weich. An der Luft auf Alufolie getrocknet, werden sie etwas fester. Man bewahrt sie am besten im Kühlschrank auf.

Ulmenbonbons

Ulmenbonbons lindern Halsschmerzen und Entzündungen im Rachenbereich. Durch die in der Ulmenrinde enthaltenen Stoffe wird Schleim gebildet, der lindernd auf Entzündungen im Halsbereich wirkt. Hat man Husten oder Erkältung, dann lutscht man ein paar dieser Bonbons:

3 Eßlöffel Honig (gut gehäuft)
2 Eßlöffel Trockenmilch
1 Eßlöffel Ulmenrinde (fein pulverisiert)

Die Ulmenrinde kann man schon pulverisiert in der

Apotheke kaufen. Hat man die Droge in Form von kleinen Stückchen, dann muß man sie selbst mahlen. Dabei gibt es einen faserigen und einen pulverigen Anteil. Man siebt die Fasern ab und erhält das Pulver. An Stelle von Trockenmilch kann man auch ein Pulver nehmen, das aus pflanzlichen Stoffen hergestellt wird und als Zusatz zu Kaffee dient (Coffeemate).

Der Honig wird so lange auf ganz kleiner Flamme gekocht, bis ein in eiskaltes Wasser fallen gelassener Tropfen erstarrt und fest wird. Das Kochen kann so 15 - 20 Minuten dauern. Dann gibt man die Ulmenrinde und das Trockenmilchpulver dazu und rührt noch einmal um. Mit einem Teelöffel läßt man jeweils die Portion für einen Bonbon ins eiskalte Wasser fallen und holt ihn nach 5 - 10 Sekunden wieder heraus. Man kann die Masse noch etwas formen und dann auf einen Teller zum Trocknen legen. Liegen alle Bonbons (so ca. 10 Stück) auf dem Teller, dann werden sie noch einmal in Trockenmilch gewälzt, damit sie von außen trocken werden. Sie werden immer ein bißchen klebrig bleiben und sollten nicht zu lange aufbewahrt werden. Am besten ist es, sie bei Husten frisch herzustellen. Im Kühlschrank halten sie sich schon ein paar Wochen.

Kuzu und Mebosi gegen Husten und Kater

Bei „Kuzi und Mebosi" (s.a. Lebensbuch) handelt es sich um ein Zweikomponentenheilmittel. Und zwar ist Kuzu ein weißes Pulver, eine Stärke, die aus der Wurzel der Kuzupflanze gewonnen wird (nicht mit Wildpfeilwurzelpulver verwechseln). Die Kuzupflanze wächst in Nordamerika und Ostasien, wo sie ursprünglich auch herstammt. Kuzu ist eine Kletterpflanze, die man in Nordamerika anpflanzte, um große Flächen damit zu bedecken, weil sie bis zu 30 cm pro Tag wächst. Mittlerweile hat sie sich an einigen Stellen zum alleinigen Beherrscher der Landschaft aufgeschwungen. In Japan wird diese Wurzel im Winter geerntet. Dazu bedient man sich der Kraft von Ochsen, die die bis zu einem Meter langen Wurzeln herausziehen helfen. Im klaren Bergwasser wird sie ausgeschwemmt, und die austretende Stärke wird

aufgefangen. Dieser Prozeß ist sehr aufwendig und die Ausbeute recht gering. Das ist eine Erklärung dafür, daß Kuzu recht teuer ist, verglichen mit anderen Speisestärken (Mais- oder Kartoffelstärke).
Bei „Mebosi" handelt es sich um ein Produkt, das auch aus Asien kommt. Es sind in Salz eingelegte Pflaumen, zu denen nach der Anfangsgärung noch die Blätter der Shisopflanze kommen, die der Pflaume die rote Farbe geben. Sie wird in der Makrobiotik als recht vielseitiges Heilmittel eingesetzt. Man sollte beim Genuß von Mebosi etwas vorsichtig sein. Ein oder zwei Pflaumen pro Mahlzeit sind eine gute Dosierung. Bei zahlreichem Genuß (10 Stück oder mehr auf einmal) kann es zu Überreaktionen kommen, da der Körper auf einmal zu sehr starken Reinigungsprozessen angeregt wird.

In ihrer Kombination sind Kuzu und Mebosi das ideale Hausmittel, um einen aufkommenden Husten oder Schnupfen noch schnell zur Umkehr zu zwingen. Fühlt man das erste leiseste Kribbeln im Hals, sollte man sofort zur Tat schreiten. Dazu braucht man:

1 Mebosipflaume
1 Teelöffel Kuzu
1 Tasse Wasser
1 Eßlöffel Huflattichblätter

Man nimmt 1/4 der Wassermenge (kalt) und löst darin das Kuzu auf. Den Rest bringt man zum Kochen und gießt ihn über die Huflattichblätter (3 Minuten ziehen lassen). Danach den Huflattichtee über das angerührte Kuzu gießen und gut umrühren. Hat man keine Huflattichblätter zur Hand, gießt man das heiße Wasser direkt auf das angerührte Kuzu. Die fertige Mischung sollte so heiß wie möglich getrunken werden. Während der Zubereitung ißt man die Mebosipflaume und lutscht den Kern solange man Lust hat.
Dieses Mittel wirkt aber nur, wenn man die Erkältung ganz zu Anfang packt und nicht erst, wenn die Nase schon läuft oder der Husten sich lautstark hörbar macht. Dann mildert diese Behandlung zwar etwas die Erkältung, ist aber lange nicht so wirksam, wie ganz zu Anfang.
Ob es sinnvoll ist, eine Erkältung zu unterdrücken, mit der der Körper ein zuviel an Schleim aus der Nase oder der Lunge befördern will, ist eine andere Frage. Normalerweise

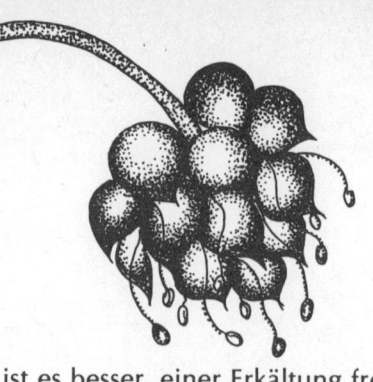

ist es besser, einer Erkältung freien Lauf zu lassen, auch wenn man sich ein paar Tage nicht ganz wohl dabei fühlt. Es kann jedoch sein, daß man aus dringenden Gründen eine Erkältung gerade zu einem bestimmten Zeitpunkt nicht brauchen kann, dann sind Kuzu und Mebosi genau richtig.

Kuzu gegen „Kater" (schweren Kopf)

Kuzu alleine zubereitet wie oben beschrieben, jedoch ohne Huflattich ist ein hervorragendes Mittel gegen den „Kater" nach alkoholreichem Vorabend. Ich habe das Mittel nur einmal anwenden müssen. Es hat geholfen.

Zitronenschale gegen Erkältung

Dieses Rezept habe ich ursprünglich von einem Freund in England gehört, der jedoch Grapefruitschalen benutzte. Da es hier auf die Schalen ankommt und es bei uns ziemlich schwierig ist, ungespritzte Grapefruit zu bekommen, habe ich das Rezept mit Zitronen ausprobiert. Es hat auch ganz gut getan. Wer ungespritzte Grapefruit bekommen kann, kann natürlich auch Grapefruitschalen verwenden. Man hat oft Reste von Zitronenschalen, von denen man nicht so recht weiß, was man damit anfangen soll (außer wegwerfen). Man schneidet die Schale in schmale Streifen und trocknet sie an einer warmen Stelle. Dazu eignet sich im Sommer der Dachboden, oder ein warmer Fensterplatz. Im Winter ist ein Platz neben der Heizung genau richtig. Wenn die Schalen fertig getrocknet sind, sollten sie so hart

sein, daß man sie ganz leicht zerbrechen kann. Dann zerkleinert man sie mit der Hand so gut es geht und pulverisiert sie anschließend mit einer Kaffeemühle. Ganz fein bekommt man das Pulver auch in einem Mörser. Es ist jedoch nicht jedermanns Sache, mit einem Mörser zu arbeiten. Ich benutze gerne eine elektrische Kaffeemühle, weil es schnell geht und das Pulver ganz fein wird.
Mit diesem Pulver wird bei Erkältung ein Tee zubereitet, indem man pro Tasse heißen Wassers einen gestrichenen Teelöffel voll nimmt und ihn gut auflöst. Hierbei handelt es sich um „Zitronentee" im wahrsten Sinne des Wortes. Selbst wenn man ein ganz feines Pulver hergestellt hat, gibt es nach dem Auflösen noch kleine Schwebeteilchen, die manchen vielleicht stören. Man kann den Tee noch einmal filtern und mit etwas Honig süßen.
Am besten ist es, die größeren Stücke getrockneter Zitronenschale erst direkt vor dem Zubereiten des Tees zu mahlen, damit die volle Wirkung erhalten bleibt.

Bittersalzfußbad gegen Erkältung

Da eine Erkältung oft in nassen Füßen ihren Ursprung hat, kann man sie auch dort bekämpfen, nämlich mit einem warmen Fußbad. Dazu braucht man Bittersalz (Magnesiumsulfat), das auch Epsomsalz heißt, weil es erstmalig 1615 in einer Quelle in Epsom/England isoliert wurden.

6 - 7 l heißes Wasser (38 - 42° C)
100 g Magnesiumsulfat

Das Magnesiumsulfat wird im Wasser in einer ausreichend großen Fußbodenwanne aufgelöst. Die Temperatur des Wassers sollte so heiß sein, wie man es gerade noch aushalten kann. Am besten nimmt man etwas weniger Wasser und stellt sich noch eine Kanne mit ganz heißem Wasser daneben, aus der man dann nach einer Weile, wenn sich das Fußbad etwas abgekühlt hat, nachgießt. So ein Fußbad sollte zwischen 8 - 10 Minuten lang sein und man sollte dabei an einem warmen Ort sitzen. Nach dem Baden die Füße gut abreiben und gleich warme Socken und warme Hausschuhe anziehen, oder sich gleich ins Bett legen.

Angelika-Likör

Von den Menschen des Mittelalters wurde dieser Kräuterbitter hergestellt, um bei Verstimmungen des Magens zur Hand zu sein. Er war wegen seiner unfehlbaren Wirkung so geschätzt, daß sich die Gewohnheit einbürgerte, jeden Morgen ein Gläschen nach dem Frühstück zu nehmen, um eventuelle Magenverstimmungen gar nicht erst aufkommen zu lassen. Den Hauptteil der Kräuter nimmt die Wurzel der Angelikapflanze ein, von der man sagt, daß sie den Menschen durch einen Engel empfohlen wurde. Sie ist ein Doldenblütler, den man an Wegrändern und Wiesenrainen finden kann. Die Pflanze wird so groß wie ein Mensch und wird in vielerlei Formen in der Volksheilkunde genutzt.
Die Kräuter müssen alle ganz fein gemahlen werden, d.h. am besten pulverisiert.

40 g Angelikawurzel
5 g Fenchel
5 g Anis
5 g Koriander
200 ccm 96 %iger Alkohol (Aethanol)

Die Kräuter und den Alkohol in eine 1/2 l Flasche geben. Ungefähr 8 - 10 Tage hell stehen lassen und jeden Tag etwas schütteln. Dann die Kräuter aus dem Alkohol herausfiltrieren. Dazu eignet sich ein Kaffeefilter sehr gut. Die Farbe des durchfiltrierten Alkohols sollte jetzt dunkelbraun sein. Da etwas Flüssigkeit im Filter und im Kräutersatz hängenbleibt, sollten wir noch ca. 150 ccm Alkohol haben. Der Alkohol wird mit 500 ccm Wasser und 200 - 250 g Honig gemischt. Die Menge des Wassers sollte ca. 3/4 der Menge des Alkohols betragen, so daß sich am Ende die Höhe des Alkoholanteils auf ca. 25 % beläuft. Die Menge des Honigs richtet sich nach dem eigenen Geschmack und der Frische der Gewürze und Kräuter. Verschiedene Honigsorten haben auch verschiedene Süßkraft.

Schwedenkräuter

Die Schwedenkräuter sind mittlerweile schon bekannt geworden und in vielen Kräuterbüchern zu finden. Da ich sie selbst schon mit gutem Erfolg angewandt habe, möchte ich sie hier unbedingt aufführen.
Die Art der Kräuterzusammenstellung wurde von dem schwedischen Arzt Dr. Yuernest an die Öffentlichkeit gebracht, nachdem sie in dessen Familie ein altüberliefertes Geheimnis war. Alle Mitglieder seiner Familie sollen über 100 Jahre alt geworden sein. Die Schwedenkräuter werden zur Bereitung einer Tinktur genommen (s.a. Anhang: Tinkturen), die man innerlich und äußerlich anwenden kann.
Innerlich werden sie mit etwas Zucker tropfenweise genommen und helfen bei Benommenheit, Sodbrennen, Magendrücken, Schwindel, Hautunreinheiten, Kopfschmerzen, Beschwerden der Wechseljahre, und außerdem fördern sie ganz allgemein das Wohlbefinden.
Äußerlich wird die Tinktur benutzt, um frische Wunden zu reinigen, bei Ohrenschmerzen, Pickeln, Entzündungen der Zähne. Man bringt die Entzündungen im Mundbereich zum Abklingen, indem man einen mit der Schwedenkräutertinktur getränkten Wattebausch auf den Zahn (bzw. zwischen Zahn und Backe) legt. Es gibt in der Apotheke die Schwedenkräuter schon fertig gemischt zu kaufen. Die „Jakobus" und „Krancampo"-Schwedenkräuter kosten ca. 50 g 5,— DM. Wer jedoch eine größere Menge braucht und sich die Kräuter selber mischen will, kann sich nach folgender Tabelle richten:

(Bekommt man einige der Drogen absolut nicht, kann man sie auch weglassen und den Schwedenkräutertrunk mit den erhältlichen Kräutern ansetzen.)

Deutsche Bezeichnung	Lat. Bezeichnung
6 g Rhabarberwurzel	Rhizoma Rhei
5 g Angelikawurzel	Radix Angelicae
4 g Curcumawurzel	Rhizoma Zedoariae
2 g Enzianwurzel	Radic Gentianae
17 g Aloe	Aloe ferox
2 g Lärchenschwamm	Fungus Laricis
1 g Myrrhenharz	Gummi Myrrhae
2 g Galgantwurzel	Rhizoma Galangae
5 g Bittere Orangenschalen	Pericarpium Aurantii amar
4 g Fenchelsamen	Fructus Foeniculi
4 g Lakritzsaft	Succus Liquiritiae
6 g Kalmuswurzel	Rhizoma Calami
2 g Silberdistel	Radix Carlinae
2 g Muskatblüten	Flores Macidis
2 g Blutwurzwurzel	Rhizoma Tormentillae

Diese Zusammenstellung entspricht in etwa dem, was die schon fertig zusammengestellten Packungen Schwedenkräuter enthalten, die man in der Apotheke kaufen kann. Es wird ein fruchtloses Unterfangen sein, versucht man diese Zutaten alle einzeln in der Apotheke zu kaufen. Die meisten Apotheken haben nicht einmal mehr die gängigsten Drogen auf Lager. Im obigen Rezept sind einige Drogen, die sehr selten verlangt werden, und deshalb nur in einigen wenigen Apotheken in ganz Deutschland zu bekommen sein werden. Am besten wird es deshalb sein, wenn man sich gleich die fertige Kräutermischung kauft. In einigen anderen Kräuterbüchern kann man auch die genauen Rezeptangaben für Schwedenkräuter finden. Dort findet man dann auch Drogen wie „terra sigillata" und „Bibergail", die sicher in dem schon Jahrhunderte alten Rezept vorhanden waren. In Kräuterbüchern aus dem 18. Jahrhundert werden diese Drogen jedoch als sehr ungebräuchlich bezeichnet und heutzutage kann man sie nur sehr schwer bekommen, weil es diese Kräuter kaum noch gibt, bzw. schwer zu finden sind. Bibergail z.B. kann man in einer gut sortierten Homöopathischen Apotheke in potenzierter Form bekommen.

So werden die Schwedenkräuter zubereitet:
Im Prinzip handelt es sich um einen alkoholischen Auszug, den man folgendermaßen herstellt:
Man nimmt die fertige Kräutermischung und gibt sie

in eine klare Flasche. Die Kräuter werden mit 450 ccm
Kornschnaps oder Rum übergossen. Am besten ist es,
wenn der Schnaps 45 oder mehr Volumenprozent Alkohol
hat. Man kann auch 80 %igen Rum nehmen. Wurden die
Kräuter mit 45 %igem Kornschnaps oder Gin angesetzt, so
läßt man den Ansatz 10 Tage stehen und schüttelt jeden
Tag kräftig. Danach gießt man die Flüssigkeit ab und füllt
noch einmal mit 450 ccm Alkohol auf. Nach weiteren
10 Tagen gießt man den zweiten Ansatz auch ab und filtriert die ganze Flüssigkeit, um sie danach kühl und dunkel
aufzubewahren. Hat man 80 %igen Rum genommen, so
läßt man den Ansatz auch 10 Tage stehen, und gießt dann
noch einmal 450 ccm Wasser dazu (vorher abkochen oder
destilliertes Wasser nehmen). Die Mischung aus Wasser
und Rum bleibt noch einmal 10 Tage stehen, um danach
abfiltriert zu werden.
Zur äußerlichen Anwendung kann man die fertige Essenz
so benutzen, wie sie ist. Weiß man von vorneherein, daß
man sie nur zur inneren Verabreichung verwenden will, so
kann man den Ansatz gleich mit etwas Honig (pro 250 ccm
2 - 3 Eßlöffel Honig) ansetzen. Zur äußerlichen Anwendung sollte man jedoch unbedingt ungesüßte Essenz
verwenden. Ich setze die Schwedenkräuter immer ungesüßt an, weil man auch nachher noch sehr gut mit Honig
nachsüßen kann.

Franzbranntwein

Franzbranntwein ist ein schon lange bekanntes äußerliches
Einreibemittel für allerlei Beschwerden wie Ziehen im Arm,
Rücken- und Nackenschmerzen, Muskelkater,
rheumatische Schmerzen usw. Es ist von der Art der
Zubereitung und Zusammensetzung dem Melissengeist (s.
Register) ähnlich. Das technisch angewandte Verfahren ist
für den Haushalt nicht durchführbar. Deshalb muß man
sich behelfen und ätherische Öle in Alkohol lösen. Man
braucht die ätherischen Öle ganz bestimmter Pflanzen. Die
einzelnen Öle haben ganz verschiedene Wirkungen auf
den Körper, so daß man sich so gut wie möglich an die
Zusammensetzung halten sollte. Bekommt man das eine
oder andere Öl nicht, so schadet das nicht so viel. Besser
ist es natürlich, das Rezept so genau wie möglich
einzuhalten.

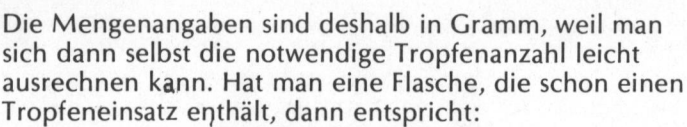

Die Mengenangaben sind deshalb in Gramm, weil man sich dann selbst die notwendige Tropfenanzahl leicht ausrechnen kann. Hat man eine Flasche, die schon einen Tropfeneinsatz enthält, dann entspricht:

1 Tropfen = 20 mg = 0,02 g

Man kann sich aber auch selbst helfen, indem man das offene Ende einer leeren Kugelschreibermiene in das Öl taucht. Zieht man die Miene aus dem Öl, ohne die Gefäßwand zu berühren, dann hängt daran:

1 Tropfen = 10 mg = 0,01 g

200 mg einer festen Substanz sind eine gute Messerspitze voll.

900 mg Menthol
700 mg Fichtennadelöl
200 mg Kampfer (kristallin)
200 mg Muskatnußöl
180 mg Wacholderöl
150 mg Thymianöl
150 mg Zitronenöl
100 ccm 60 %igen Alkohol

Der feste Kampfer und die flüssigen Öle werden im Alkohol gelöst und durch Schütteln gleichmäßig verteilt. Manche Apotheken sind sicher bereit, dieses Rezept herzustellen. Billiger wird es jedoch, wenn man sich eine größere Menge zubereitet und mit Freunden/innen teilt.

Melissengeist

Der industriell gefertigte Melissengeist wird durch Alkoholdestilliation gewonnen, d.h. die verschiedenen Heilkräuter werden im Alkohol mazeriert. Nach der Destillation des Alkohols gehen die gelösten ätherischen Öle mit ins Destillat über. Dieser Vorgang ist für den Hausgebrauch zu kompliziert. Man kann sich behelfen,

indem man die fertig kaufbaren ätherischen Öle im entsprechenden Verhältnis in einen hochprozentigen Alkohol mischt. Die einzelnen ätherischen Öle haben ganz bestimmte Wirkungen auf den Körper und sind aufeinander abgestimmt. Obwohl es sich bei Franzbranntwein (s. Register) und Melissengeist um nach dem gleichen Prinzip hergestellte Rezepte handelt, sind sie in ihrer Wirkung doch etwas verschieden. Wie verschieden die einzelnen ätherischen Öle in ihrer Wirkungsweise sein können, kann man daran erkennen, daß es die Aromatherapie gibt. Sie ist ein Naturheilkundeverfahren, das sich mit der Wirkung der einzelnen ätherischen Öle befaßt.
Melissengeist kann äußerlich bei Muskelkater, Hexenschuß oder Erschöpfung angewandt werden.
Innerlich wirkt er gegen nervöse Störungen, zur Vorbeugung und Behandlung von grippalen Infekten und Erkältungen. Wird er innerlich eingenommen, so sollte er auf die doppelt bis dreifache Menge mit Wasser verdünnt werden. Durch den Ansatz in 80 %igem Alkohol wäre sonst eine zu starke Alkoholdosis der Fall.
Folgende Gegenüberstellung kann als Grundlage für die Berechnung der Tropfenzahl der einzelnen Öle dienen:
1 Tropfen einer Flasche mit Tropfeinsatz = 20 mg = 0,02 g
1 Tropfen aus dem offenen Ende einer leeren Kugelschreibermiene, die man in das Öl getaucht hat = 10 mg = 0,01 g

800 mg Melissenöl
700 mg Ingweröl
700 mg Orangenschalenöl
500 mg Anisöl
320 mg Zimtöl
280 mg Nelkenöl
70 mg Muskatblütenöl
40 mg Cassiablütenöl
70 mg Schwarzes Pfefferöl
100 ccm 80 %iger Alkohol

Die ätherischen Öle werden im Alkohol gelöst und durchgeschüttelt. Der fertige Melissengeist sollte immer gut verschlossen und kühl aufbewahrt werden.

Kampferspiritus gegen Rheuma

Kampferspiritus ist ein flüssiges Einreibemittel gegen Rheuma, das man sich recht schnell und einfach mischen kann.

10 g Kampfer (kristallin)
70 ccm 90 %igen Alkohol
20 ccm Wasser (destilliert)
15 Tropfen Latschenkieferöl
15 Tropfen Melissenöl

Der Kampfer wird zuerst im Alkohol gelöst, der 90 %ig sein sollte, da sich Kampfer nur gut bei solch hoher Alkoholkonzentration löst. Dann gibt man nach Bedarf die Öle dazu. Sie sind nicht unbedingt notwendig, fördern jedoch die Durchblutung und neutralisieren etwas den Geruch des Kampfers. Wer eine empfindliche Haut hat, sollte etwas weniger als 15 Tropfen nehmen. Danach gibt man noch das Wasser dazu und schüttelt die Mischung gut.

Kampferspiritus eignet sich als äußerliches Einreibemittel gut gegen rheumatische Schmerzen, Muskelschmerzen im Rückenbreich, Schmerzen im Nacken usw.

Wacholderspiritus

Wer Rheuma hat und bei wem alle bisher probierten Mittel nicht recht anschlagen, der kann es mit Wacholderspiritus versuchen.

5 ccm Wacholderöl
20 ccm 60 %iger Alkohol
10 ccm Wasser

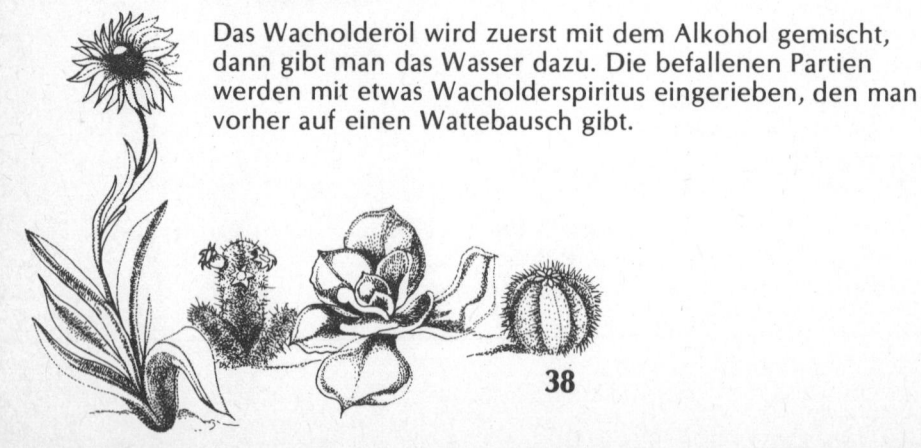

Das Wacholderöl wird zuerst mit dem Alkohol gemischt, dann gibt man das Wasser dazu. Die befallenen Partien werden mit etwas Wacholderspiritus eingerieben, den man vorher auf einen Wattebausch gibt.

Kapuzinerkressenessig

In vielen Gärten findet man neben den sehr schön leuchtenden, orange und gelb blühenden Ringelblumen, auch Kapuzinerkresse. Wenig bekannt ist, daß es sich nicht nur um eine reine Zierpflanze handelt. Die Blätter ergeben im Salat einen pfeffrigen Geschmack, und mit den Blüten kann man einen sehr schönen Essig für den Winter herstellen. Kapuzinerkresse hat oft Blüten von gelb über rot, orange bis hin zum dunkelweinrot. Am geeignetsten sind die orangen und roten Blüten. Man nimmt eine Glasflasche oder ein Einmachglas und füllt es mit gutem Essig. So bald die Blüten anfangen zu blühen, zupft man sie ab und steckt sie nach und nach in den Essig, wo sie innerhalb von 2 - 3 Tagen ihre leuchtend intensive Farbe abgeben. Hat man einen kräftigen Farbton erreicht, siebt man die Blüten ab und gibt noch eine Handvoll frische Blüten dazu, bevor man den Essig in eine Flasche füllt und bis zum Winter im Keller aufhebt. Die rote Farbe kann gerade in der farblosen Jahreszeit helfen, etwas Belebung in den Organismus zu bringen

Kalzium-Tee für stillende Mütter

Eigentlich sollte dieses Buch keine Teerezepte enthalten (weil es die mittlerweile schon in jeder Illustrierten gibt), aber es ergab sich, daß sich dieses Rezept bewährte und deshalb soll es hier erwähnt werden:

20 g Kamille
20 g Borretsch
10 g Beinwellblätter
20 g Haferstroh

Diese Mischung wird aufgebrüht und nach Bedarf getrunken, um dadurch den Milchfluß zu erhöhen. Pro Tasse 1 Teelöffel von der Mischung aufbrühen.

Erste Hilfe bei offenen Wunden

Blutwurzpulver

Das Blutwurzpulver hilft bei offenen Wunden oder tiefen Schnitten. Es wird aus der Wurzel der Blutwurz hergestellt. Man kann die Wurzel selbst sammeln (Frühjahr oder Herbst) oder in der Apotheke kaufen. Die Wurzel ist nicht ganz billig, man braucht jedoch nur 20 - 30 g. Ist die Wurzel nach dem Trocknen nicht mehr feucht, oder hat man sich die schon fertige Droge in der Apotheke gekauft, dann mahlt man sie in einer Kaffeemühle so fein es geht. Das Pulver hebt man gut verschlossen auf. Verletzt man sich, dann wird die Wunde zuerst mit Calendula-Tinktur oder mit verdünntem Schwedenkräuter-Auszug gesäubert und dann das Blutwurzpulver darauf gestreut. Die Blutung hört auf und die Wunde verheilt ohne große Narbenbildung.

Tiere

Bei Hunden, Pferden und Katzen kann es vorkommen, daß sie sich beim Spielen und Verteidigen des Reviers verletzen. Bei offenen Wunden sollte die Wunde gut ausgewaschen werden (s. oben). Dann wird die Wunde mit Rizinusöl eingerieben und ein Verband darum gewickelt. Der Verband soll verhindern, daß Dreck in die Wunde eindringen kann. Das Rizinusöl fördert die Blutgerinnung und lenkt den Heilprozeß günstig, so daß keine Narben entstehen.

Knoblauchstopfen gegen Nasenbluten

Bei Nasenbluten hat man bei uns folgendes 1. Hilfe Rezept: Mit einer Knoblauchpresse (oder einer feinen Reibe) zerkleinert man 2 - 3 Knoblauchzehen. Den Saft streicht man auf ein Stückchen Leinen von der Größe 5 x 5 cm, das vorher in Essig getunkt wurde. Dann rollt man das Stück Leinen zu einer kleinen Rolle zusammen und steckt es in das blutende Nasenloch. Das beißt zwar höllisch, bringt aber das Nasenbluten zum Stillstand. Wenn man gleichzeitig aus beiden Nasenlöchern blutet, braucht man zwei solcher Rollen.

Erste Hilfe in Wald und Wiese

Wenn man sich in der warmen Jahreszeit draußen beim Picknick im Wald oder auf der Wiese verletzt, dann hat man oft all diese wunderbaren Heilmittel, die es zu Haus gibt, nicht zur Hand. Aber auch draußen in der Natur gibt es „Heilmittel", die einem zu Füßen wachsen, man muß nur aufmerksam hinschauen.

Der Spitzwegerich ist eine richtige Erste-Hilfe-Pflanze. Er hilft bei Verletzungen, wie Schnitt- oder Brandwunden, bei Bienen- oder Wespenstichen. Man nimmt ein Blatt des Spitzwegerich in den Mund, zerkaut es gut und legt es dann auf die Wunde oder die Einstichstelle. Zu Hause kann man dieses Mittel auch verwenden. Nur sollte man dann den Spitzwegerich etwas mit Wasser waschen und auf einem Holzbrettchen mit einem Nudelholz so lange reiben, bis er breiig ist. Dann wird dieser Brei auf die Wunde aufgetragen.

Bienen- und Wespenstiche

Wenn man im Sommer von Bienen oder Wespen gestochen wird, gibt es einige Sofortmaßnahmen, die man anwenden kann. Vermeiden lassen sich die Stiche nicht immer. Man kann jedoch dazu beitragen, die Gefahr zu verringern, indem man nicht nach den Insekten schlägt, sondern wartet, bis sie von alleine wieder wegfliegen oder man kann sie auch wegpusten. Bienen und Wespen stechen eigentlich nur, wenn sie in Gefahr sind, d.h. wenn sie eingequetscht werden.

Zwiebelsaft

Eine Zwiebel wird frisch angeschnitten und so gepreßt, daß etwas Saft herausläuft, den man direkt auf den Stich träufelt.

Hamameliswasser

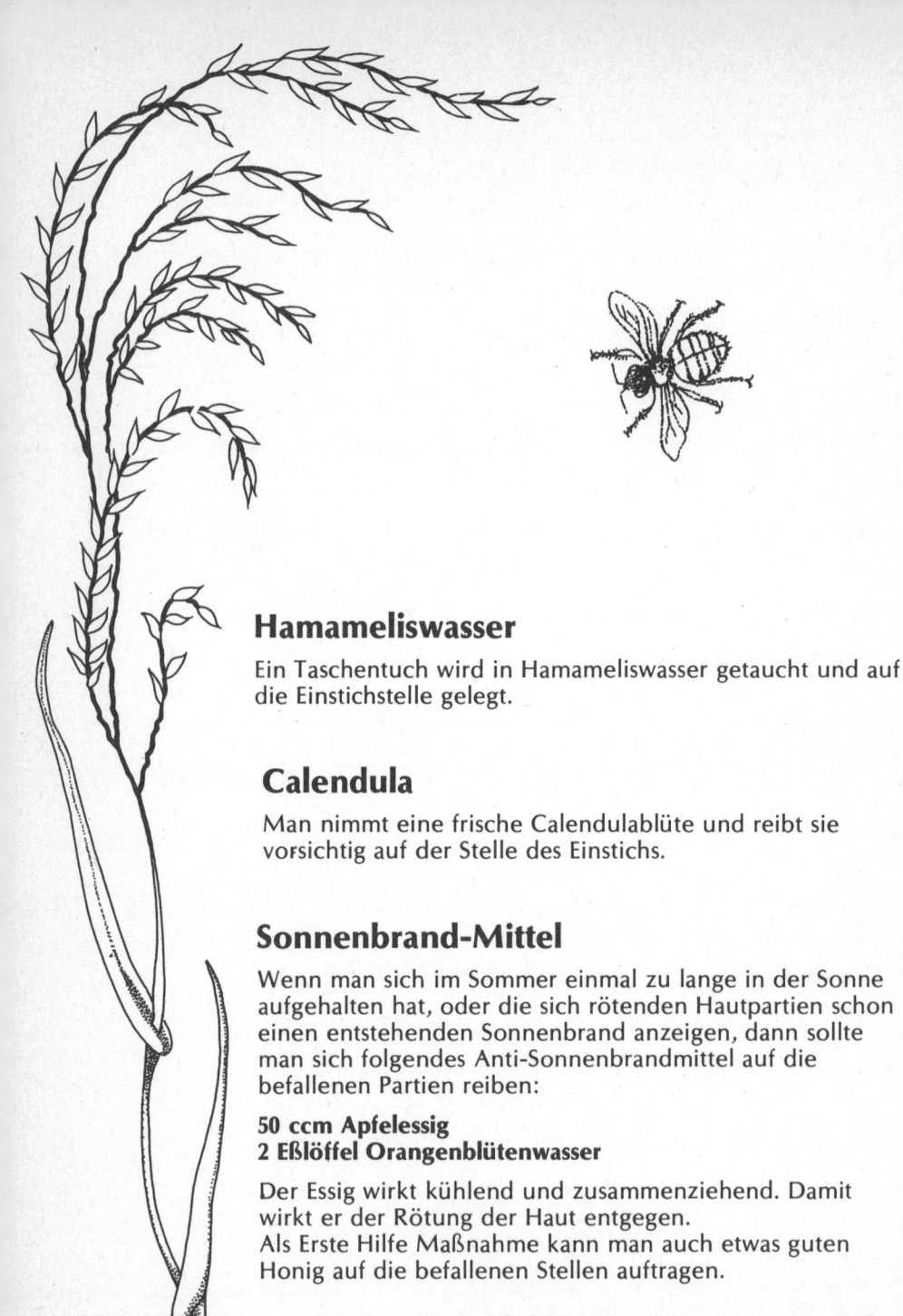

Ein Taschentuch wird in Hamameliswasser getaucht und auf die Einstichstelle gelegt.

Calendula

Man nimmt eine frische Calendulablüte und reibt sie vorsichtig auf der Stelle des Einstichs.

Sonnenbrand-Mittel

Wenn man sich im Sommer einmal zu lange in der Sonne aufgehalten hat, oder die sich rötenden Hautpartien schon einen entstehenden Sonnenbrand anzeigen, dann sollte man sich folgendes Anti-Sonnenbrandmittel auf die befallenen Partien reiben:

50 ccm Apfelessig
2 Eßlöffel Orangenblütenwasser

Der Essig wirkt kühlend und zusammenziehend. Damit wirkt er der Rötung der Haut entgegen.
Als Erste Hilfe Maßnahme kann man auch etwas guten Honig auf die befallenen Stellen auftragen.

Sodbrennen

1. Kartoffel:

Das wirksamste Erste-Hilfe-Mittel gegen Sodbrennen ist eine rohe Kartoffel. Man schält die Kartoffel und entsaftet sie in einem Entsafter. Den Saft trinkt man in kleinen Schlucken. Meist genügt schon die Menge Saft, die man von einer mittelgroßen Kartoffel erhält. Hat man keinen Entsafter zur Hand, kann man die Kartoffel auch ganz essen. Die Stückchen gut kauen! Der Saft hilft allerdings etwas schneller.
Sodbrennen ist ein Zeichen für Funktionsstörungen des Magen-Darm-Traktes (z.B. Unter- oder Überproduktion von Salzsäure im Magen). Mittel gegen Sodbrennen sollten deshalb nur als Erste Hilfe Therapeutikum benutzt werden. Auf jeden Fall sollte man einen Arzt aufsuchen, der die Ursache für das Sodbrennen herausfinden und behandeln kann.

2. Mandeln:

Man blanchiert 8 süße Mandeln und kaut jede einzelne sehr gut, bevor man sie hinunterschluckt (so ca. 50 - 70 mal). Es ist wichtig, die Mandeln gut zu kauen, da sonst das Sobrennen eher noch verstärkt wird.

3. Möhren:

Die Möhre ist ein sehr magenverträgliches Gemüse. Leidet man unter häufigem Sodbrennen, so sollte man so oft als möglich Salat aus rohen Möhren essen.

Agar Agar gegen Verstopfung

Verstopfung und Darmträgheit zählen zu den Hauptzivilisationskrankheiten unserer Zeit. Einige Ärzte und Naturheilforscher (z. B. Waerland) sehen darin auch eine Ursache für weiterreichende Krankheiten. Durch die Nahrung und ungenügende Bewegung bedingt kommt es zur Verstopfung und Darmträgheit. Man kann vorbeugend seine Ernährung daraufhin ausrichten, indem man mehr Ballaststoffe zu sich nimmt. Dazu zählen Vollkornbrot, frisches, rohes Obst und Gemüse, Vollkornnudeln, Kartoffelschalen usw.

Vor einigen vielgepriesenen Abführdrogen sollte man sich hüten, d.h. sie nicht regelmäßig oder über einen längeren Zeitraum hinweg einnehmen. Sennesblätter entziehen dem Körper Kalium und können über die Jahre zu schweren Herzschäden führen. Allgemein wird der Darm durch die Abführmittel erst recht träge und stellt bald seine Arbeit ganz ein.

Sicher das bestmögliche für den Körper und ohne Nebenwirkungen ist Weizenkleie lose oder in Tablettenform. Nur erhebt sich die Frage: Warum weißes Brot essen und dann für ein Abfallprodukt des Mehlmahlens viel Geld ausgeben? Da ist es besser und billiger, Vollkornbrot zu essen.

Hier ein garantiert unschädliches Rezept, das eine sehr milde Abführwirkung hat. Es wirkt nicht so durchschlagend wie die käuflichen Mittel. Der Darm wird aber auch nicht zur Untätigkeit verführt, sondern eher bei der Wiederaufnahme seiner Arbeit unterstützt.

3 Eßlöffel Agar Agar
1 Eßlöffel ungemahlenen Leinsamen
1 Eßlöffel Rosinen
1 Teelöffel pulverisierte Ulmenrinde
375 ccm Fruchtsaft (Apfel-, Ananas, Birnensaft usw.)

Alle Zutaten werden in einen Topf gegeben und gut verrührt. Kurz aufkochen lassen und in eine Schüssel füllen. Nach 2 bis 3 Stunden ist das Agar Agar fest und die Speise kann gegessen werden.

Heilerde

Die Erde bringt Leben hervor, erhält es und läßt die stofflichen Substanzen wieder zu Asche und Staub werden. Die lebenserhaltende Fähigkeit der Erde spiegelt sich in allem, was die Erde an Nahrung und Heilmitteln hervorbringt, wider. Viele der Heilmittel sind weit verbreitet und ganz einfacher Natur. Ein solch einfaches und faszinierendes Heilmittel ist die Erde selbst. Man kann sie als „Heilerde" kaufen. Dabei handelt es sich um ganz fein pulverisierten Ton- oder Lößboden, eine Substanz, die reich ist an Mineralien wie Kieselsäure, Magnesium-, Eisen-Kalzium-, Kaliumsalzen u. a. Die Heilerde kann äußerlich und innerlich angewandt werden. Sie dient der Reinigung und Entgiftung und treibt Heilungsprozesse voran. Man muß beim Kauf lediglich darauf achten, daß es Heilerde für innerliche und äußerliche Anwendung gibt. Die Heilerde für innerliche Anwendung ist auch äußerlich anwendbar, jedoch nicht umgekehrt. Braucht man eine große Menge für die äußerliche Anwendung (z.B. Umschläge, dann kann man auch Ton verwenden, wie er beim Töpfern üblich ist. Die einmal angewandte Heilerde (z. B. als Umschlag) muß nach der Benutzung weggeworfen werden. Sie zieht durch ihre Heilwirkung Giftstoffe aus dem Körper und nimmt diese in sich auf. Einige der käuflichen Heilerden für innere Anwendung sind mit Kräutern oder Kleie versetzt.

Entgiftung von Magen und Darm (Innerliche Anwendung):

Zur Reinigung und Entgiftung des Verdauungstraktes nimmt man morgens nüchtern und abends vor dem Zu-Bett-Gehen je 1/2 - 1 Teelöffel voll Heilerde mit etwas Wasser gemischt. Am besten wäre es, die Heilerde trocken in den Mund zu nehmen und gut einzuspeicheln, aber das ist gar nicht so einfach. Wer das nicht kann, der rührt sich die Heilerde zu einem flüssigen Brei an. Man rechnet pro Teelöffel Heilerde ein Schnapsgläschen voll Wasser. Am günstigsten ist es, die Heilerde schon 12 Stunden vor der Einnahme zuzubereiten. Also am Morgen für den Abend und abends für den nächsten Morgen.
In der angesetzten Heilerde sollen keine Löffel oder andere Metallgegenstände stehen bleiben.
Bei der innerlichen Einnahme der Heilerde strahlt die

Heilerde vom Verdauungstrakt auch auf die anderen Organe aus und entfaltet ihre Heilwirkung als Katalysator, um notwendige Abläufe des Körpers zu stimulieren oder im Gleichgewicht zu halten. Wer Heilerde nicht gut verträgt oder Verstopfung bekommt, der sollte zuerst mit einer kleinen Dosis anfangen, oder auch nur das Wasser trinken und den sich am Boden des Glases absetzenden Satz, der aus den schwereren Teilchen besteht, weggießen. Nach und nach gewöhnt sich der Körper an den Geschmack und die Wirkung der Heilerde.

Äußerliche Anwendung:

Anwendung bei Fieber

Bei Fieber macht man mit Heilerde kalte Umschläge auf den Bereich des Unterleibes. Die Heilerde wird mit kaltem Wasser zu einem festen Brei angerührt und ca. 1 cm dick auf den Unterleib aufgetragen. Zuvor legt man ein Stück Gaze auf die betreffende Stelle. Der Umschlag bleibt 1 - 2 Stunden liegen und kann mehrmals täglich wiederholt werden.

Verstauchungen

Die einfachste und wirkungsvollste Art, einen verstauchten Knöchel oder ein verstauchtes Handgelenk zu behandeln, ist ein dicker Umschlag aus Heilerde. Zuerst wird das verletzte Gelenk unter fließendes kaltes Wasser gehalten (bis zu 15 Minuten), dann wird ein dicker Umschlag mit Heilerde gemacht. Am besten ist es, den Umschlag über Nacht auf der verletzten Stelle liegen zu lasen. Nachdem der Schmerz und die Schwellung zurückgegangen sind, massiert man die Stelle mit etwas Knoblauchöl. (Olivenöl, dem etwas fein gepreßter Knoblauch zugesetzt wurde. Man nimmt 2 Teile Olivenöl und 1 Teil Knoblauch).

Wunden

Alle Arten von Schnitten, Brandwunden usw. können mit Heilerde behandelt werden. Bei frischen Wunden wird der trockene Ton direkt auf die Wunde gestreut und die Wunde mit einer Bandage umwickelt. Bei Brandwunden wird zuerst ein Stück Gaze auf die Wunde gelegt, dann folgt eine dicke Schicht Heilerde, die zu einem festen Brei angerührt wurde. Dieser Brei bleibt auf der Wunde. Der Umschlag wird zweimal am Tag erneuert. Durch die Heilerde werden Fremdkörper der Wunde und abgestorbene Zellen resorbiert, so daß der Heilungsprozeß schneller in Gang kommt.

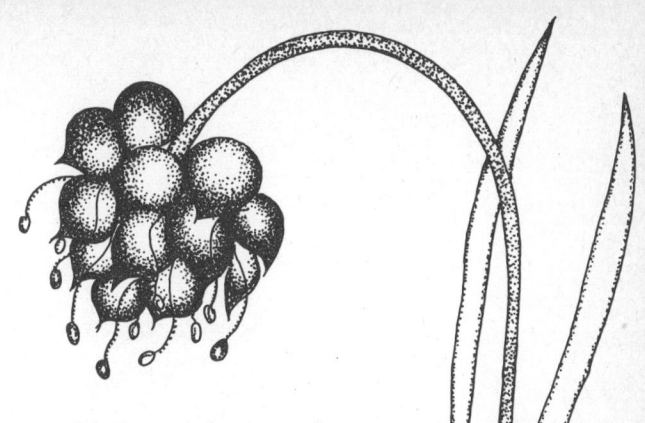

Holzkohle

Holzkohle eignet sich nicht nur zum Grillen, sie hat versteckte Fähigkeiten, die bei uns weitgehend unbekannt sind. Früher gab es einen eigenen Berufsstand, der Köhler, der damit beschäftigt war, Holzkohle herzustellen. Sie legten ihre Meiler im Wald an und mußten genau kontrollieren, daß das Holz zu Kohle und nicht zu Asche wurde. Heute wird die meiste Holzkohle industriell hergestellt. In vergangegen Zeiten wurden weitaus größere Mengen Holzkohle zum Heilen benutzt als heute. Ein Überrest aus dieser Zeit sind noch die „Kohletabletten" aus der Apotheke. Sie sind gut geeignet gegen Durchfall und Unruhe im Magen-Darmbereich nach dem „Genuß" verdorbener Speisen. Sie sind auch ein gutes Mittel für die Reiseapotheke, wenn man in tropische Länder fährt, in denen das Wasser für Menschen unseres Schlages nicht immer genießbar ist. Man kann zu diesem Zweck jedoch auch selbstgemachte Holzkohle verwenden. Die Wirkung der Holzkohle beruht auf ihrer sehr großen Oberfläche (1 g Holzkohle kann bis zu 800 m^2 Oberfläche haben). Durch diese großen Flächen können Schadstoffe absorbiert werden. Sie wird als sogenannte „Atkivkohle" im Haushalt als Wasserfilter und zum Neutralisieren von Gerüchen in Kühlschränken und Thermoskannen benutzt. Diesen

Reinigungseffekt kann man sich aber auch für den eigenen Körper zunutze machen.
Benutzt man Holzkohle als Mundspülung oder zum Zähneputzen (s.a. Holzkohlenzahnpulver) so hat man nicht mehr viel Last mit Mundgeruch, da auch hier die Holzkohle geruchsabsorbierend wirkt.

Holzkohleherstellung

Die einzige Form, in der man Holzkohle, die als Heilmittel geeignet ist kaufen kann, sind Kohletabletten. Will man selbst Umschläge machen oder sich ein Zahnpulver herstellen, wird es schwieriger sein, sich Holzkohle zu besorgen. Grillkohle ist deshalb nicht empfehlenswert, da ich nicht weiß, ob sie ganz frei von Zusätzen und damit als Heilmittel geeignet ist. Macht man die Holzkohle selbst, weiß man was man hat. Am einfachsten haben es die Menschen, die einen Kohleherd bzw. einen Kamin besitzen oder gern Lagerfeuer machen. Hat man einen Kohleherd, so nimmt man nach dem Kochen die noch glühenden Holzstücke (aber möglichst ohne Brikettasche), also reine Holzstücke und füllt sie in ein dicht schließendes Metallgefäß (alte Teebüchse usw.). Durch luftdichten Abschluß wird erreicht, daß beim Abkühlen kein Sauerstoff mehr an die Holzstücke kommt und somit keine Verbrennung, sondern eine Verkohlung stattfindet.
Dasselbe Prinzip funktioniert auch mit Lagerfeuerglut. Da sicher viele Menschen keinen Kohleherd haben oder im Winter nicht so viele Lagerfeuer gemacht werden, kann man sich auch folgendermaßen helfen:
Man nimmt Holzstücke, die frei von Farbe oder ähnlichen Mitteln sind und zersägt sie in ganz kleine Stücke von 5 - 10 mm. Am besten eignen sich grobe Hobelspäne oder Sägespäne. Das Holz kann sowohl Weichholz (Kiefer, Fichte) oder Hartholz (Eiche, Buche) sein. Man füllt die Holzspäne in eine Blechbüchse mit einem Deckel.
Der Deckel bekommt in der Mitte ein Loch von ca. 2 - 3 mm Ø. Der Deckel kommt auf die Büchse und die Büchse wird aufs Feuer gesetzt. Was jetzt passiert ist eine

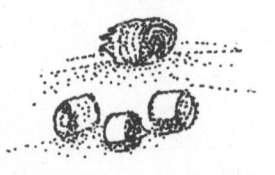

sogenannte „Trockene Destillation", d.h. das Holz wird durch die Hitze zu Holzkohle verwandelt. Durch den kleinen Durchmesser des Loches wird verhindert, daß zuviel Sauerstoff in die Büchse eindringt und das Holz verbrennt. Man erhält nach ca. 40 - 50 Minuten Holzkohle und innen an der Büchse läuft eine schwarze Flüssigkeit herunter, mit der die Holzkohle nicht in Berührung kommen sollte. Es handelt sich nämlich um Teer. Auf diese Weise hat man früher Teer gewonnen, als man noch nicht die Gewinnung aus Erdöl kannte. Beim Verkohlen entwickelt sich ein beißender Rauch. Deshalb ist es sicher von Vorteil im Freien zu arbeiten, will man nicht die ganze Wohnung unter Qualm setzen. Sehr gut sind kleine Campingkocher geeignet. Man erkennt am Nachlassen des Qualms, daß die Holzkohle fast fertig ist. Man stellt nachher beim Zerreiben fest, ob die Verkohlung vollständig stattgefunden hat. Lassen sich die Holzstücke nicht ganz zu Pulver zerreiben, sind sie noch nicht fertig verkohlt. Zum Pulverisieren kann man eine Kaffeemühle oder einen Mörser mit Stößel verwenden.

Gegen Blähungen und Völlegefühl

Nach schwer verdaulichen Speisen (Bratkartoffeln und Brathering) kann man leicht Blähungen bekommen. In solchen Fällen kann eine Holzkohleverabreichung helfen. Die verwendete Holzkohle muß sehr fein pulverisiert sein. Man kann dies mit einer elektrischen Kaffeemühle erreichen oder aber mit der Hand, wenn man einen Mörser und Stößel sein eigen nennt.

1 Teelöffel ganz fein pulverisierte Holzkohle
1 Glas Wasser

Die beiden Zutaten gut mischen und trinken. Am etwas merkwürdigen Gefühl zwischen den Zähnen sollte man sich nicht stören.

Zahnpulver aus Holzkohle

10 Teile Holzkohle
1 Teil gutes Meersalz

Holzkohle hat bleichende Wirkung und in Kombination mit dem Salz, das desinfizierend wirkt, ergibt sich eine gesunde Möglichkeit, die Zähne zu pflegen. Man sollte auf jeden Fall versuchen, Meersalz zu verarbeiten, da es noch Mineralien und Spurenelemente besitzt. Mit diesem Zahnpulver vermeidet man chemische Zusätze, wie sie in herkömmlichen Zahnpasten enthalten sind. Man bekommt damit zwar ganz toll strahlend weiße Zähne, aber die ganze Bakterienflora im Mund wird zerstört. Diese Wirkung geht so weit, daß durch verschluckten Zahnpastaschaum, der in den Darm gelangt, auch dort die notwendigen Bakterien zerstört werden. In Naturkostläden kann man ein schon fertig zubereitetes Zahnpulver kaufen, das den namen „Dentie" trägt. Es ist ähnlich zusammengesetzt wie das Holzkohlenzahnpulver, nur handelt es sich bei dem Holzkohlenanteil um verkohlte Auberginen. Es ist auch sehr gut und man kann es als Erste-Hilfe-Mittel (s.a. Kapitel „Erste Hilfe") bei Wunden und Blutverlust anwenden.

Holzkohlenumschlag

3 - 4 Teelöffel mittelfein gemahlene Holzkohle
etwas Wasser zum Anrühren (Temperatur ca. 40° C)

Das Wasser wird mit der Holzkohle vermischt, bis eine streichbare Masse entsteht. Das Wasser sollte dabei so warm wie möglich, d.h. auf der Haut verträglich, sein. Diese Paste streicht man auf schmerzende Stellen, bei Muskelverkrampfungen, Muskelschmerzen und Steifheit von Muskelpartien, wie Nacken oder Waden. Die Holzkohlenpaste wird mit etwas Mull bedeckt und darüber kommt ein trockenes Fensterleder. Dann sollte man die Stelle mit einer Decke bedecken, was am besten geht, wenn man sich hinlegt. Etwas Ruhe wird den Heilungseffekt unterstützen. An Stelle des Fensterleders kann man auch ein Stück Plastik nehmen, aber das Leder ist sicher ein besseres Material. Der Umschlag sollte so lange daraufbleiben, bis man eine Besserung verspürt.

Kräutertabak

Das Rauchen hat eine lange Tradition. Die Indianer Nordamerikas kannten den Tabak und rauchten ihn zu rituellen Zwecken. Zu uns kam der Tabak erst durch Kolumbus. Zwar wurde auch schon in Europa geraucht, aber nicht nur des Genusses wegen, sondern auch, weil man eine medizinische Wirkung mit dem Rauchen verband. Die klassische europäische „Rauch"pflanze ist Huflattich. Er löst den Schleim in der Lunge und hilft ihn abzustoßen. Sein lateinischer Name „tussilago" bedeutet „Hustenvertreiber". Diese Wirkung kommt im Huflattichtee natürlich auch zur Geltung. Die Blüten der Königskerze rauchte man, um das Atmungssystem anzuregen, und die schon in der Lunge sitzenden Teerpartikel zu lösen, damit sie der Körper durch Husten ausstoßen konnte.
Ob es sinnvoll ist, den die Schleimhäute reizenden Rauch für medizinische Zwecke zu nutzen, sei dahingestellt. Für bestimmte Menschen und Zeiten kann es sinnvoll sein, Kräuter als Tabak zu verwenden, da sie kein Nikotin enthalten und deshalb unschädlicher für den Organismus sind.
Die Inhaltsstoffe der Kräuter werden über den Kontakt mit der Lunge schneller ins Blut gebracht, als dies bei einem Tee über die Magenschleimhäute geschieht. Im Magen müssen sie erst in Flüssigkeiten gelöst und resorbiert werden.
Auf jeden Fall sollte man zum Rauchen kein Papier verwenden, da es durch seinen Teergehalt die Lunge über kurz oder lang zukleistert. Eine Pfeife ist das beste Instrument für den Genuß einer Kräutertabakmischung. Es gibt mittlerweile schon einige Bioläden, die fertig gemischte Kräutertabakmischungen anbieten. Für die Experimentierer/innen folgen hier einige Rezepte für Hausmischungen:

Fermentierter Huflattichtabak

Huflattich kann man ganz einfach sammeln, trocknen und dann rauchen. Es gibt jedoch raffinierte Methoden, um ihn aufzubereiten und so zu verändern, daß er noch „eleganter" schmeckt. Zum Fermentieren sammelt man

eine gute Portion Huflattichblätter, die man ein bis zwei Tage trocken läßt, bis sie anfangen, leicht welk zu werden. Daraufhin müssen die Blätter gerieben werden, daß sie zwar nicht auseinanderreißen, aber trotzdem so viel Zellsaft aus den Zellen austritt wie möglich. Bei diesem Vorgang werden die Blätter recht feucht. Am besten reibt man jedes einzelne Blatt in der Hand hin und her, oder man benutzt ein glattes Brett, legt die Blätter darauf und rollt sie möglichst fest mit einem Nudelholz. Die gut feuchten Blätter werden gründlich mit warmem Wasser eingesprengt und in ein Taschentuch oder Leinenläppchen (ca. 40 x 40 cm) eingewickelt. Die nächsten 24 Stunden muß dieses Päckchen an einer Stelle liegen, die mindestens 30° C warm ist. Die Temperatur darf auch etwas höher sein. Im Sommer, wenn die Huflattichblätter draußen wachsen, hat man oft im Auto oder vor einem Fenster solche Temperaturen. Nach 12 Stunden kann man schon einmal nachsehen, wie gut die Fermentation verlaufen ist. Es hängt sehr viel davon ab, wie gut man die Blätter reibt und damit die Zellwände aufbricht. Sind die Blätter fertig fermentiert, müssen sie noch an einem warmen Ort getrocknet wrden. Bevor man sie trocknet, kann man die noch feuchten Blätter übereinanderlegen und in dünne Streifchen schneiden.
Nach dem Trocknen sind die Blätter rauchfertig.

Herba Santa (Santakraut)

Das Santakraut ist ein traditionelles Rauchkraut, das kein Nikotin enthält. Es wächst im westlichen Teil der USA und wird dort von den Indianern geraucht oder als frische Pflanze gekaut. Im 19. Jahrhundert hielt man die Pfanze für blutreinigend und setzte sie gegen Bronchitis und Asthma ein. Heute wird sie für diese Zwecke nicht mehr verwandt. Beim Rauchen entwickelt das Santakraut einen interessanten Geschmack. Es schmeckt leicht harzig und am Anfang ein bißchen unangenehm. Nach ein paar Minuten kommt nach und nach ein süßlicher Geschmack durch und ein angenehm kühlendes Gefühl auf der Zunge. Das Santakraut kratzt auch nicht so stark im Hals wie Huflattich. Es brennt in der Pfeife sehr schön gleichmäßig ab, ähnlich wie normaler Pfeifentabak. Man bekommt das Santakraut als „Herba Santa" in der Apotheke. Es kostet fast so viel wie normaler Tabak.

Brandy-Huflattich Tabak

Huflattichblätter lassen sich nicht nur fermentieren, sondern man kann sie auch in Weinbrand einlegen. Die frisch gesammelten Huflattichblätter werden von den größten Blattgerippen befreit und in einen Steinguttopf geschichtet. Man übergießt sie mit soviel Weinbrand, daß sie alle von Flüssigkeit bedeckt sind. Oben werden sie mit einem Stein beschwert. Das Gefäß wird mit Pergamentpapier (Butterbrotpapier) so abgedeckt, daß möglichst wenig Alkohol verdunstet. Es sollte jedoch nicht luftdicht sein.
Nach einem Monat (oder wer Geduld hat, kann den Huflattich auch zwei Monate im Weinbrand liegenlassen) sind die Blätter recht gut durchgezogen. Sie werden aus dem Weinbrand herausgeholt und gründlich ausgepreßt. Das geht am einfachsten mit einem Nudelholz. Vor dem Trocknen werden die Blätter alle übereinandergelegt und noch einmal mit dem Nudelholz glatt gewalzt. Wenn sie gut gepreßt übereinanderliegen, werden sie in dünne Streifchen geschnitten, die 2 - 3 Tage getrocknet werden. Die Blätter sind dann gut getrocknet, wenn sie die Konsistenz von richtigem Tabak haben. Raucht man ein Pfeifchen von diesem Tabak, dann entwickelt sich ein Geschmack, der etwas dem von Whisky- oder Rum-Tabak ähnelt.
Den Weinbrand braucht man übrigens nicht wegzuwerfen. Man hat durch das lange Ziehen quasi eine Huflattichtinktur hergestellt, die man bei Bedarf (oder einfach so) trinken kann.

Salbengrundlage

Dieses Grundrezept eignet sich für alle Arten von Salben, und ist ohne andere Zutaten schon eine ganz angenehme Creme für die Haut. Auf dieser Grundlage kann man unter Abwandlung von Mengen und Zutaten sehr viel selbst experimentieren.

6 Eßlöffel Sonnenblumen-, Mandel- oder Avocadoöl
20 g gereinigtes Butterfett
5 g reines Bienenwachs

Zuerst stellt man sich das gereinigte Butterfett her, indem man ca. 100 g Butter erwärmt und den Schaum abschöpft, nachdem die Butter flüssig geworden ist. Dann wird die noch flüssige Butter durch ein Leinenläppchen gefiltert. Nach dem Erkalten des Butterfettes mißt man 20 g ab, und gibt die restlichen Zutaten mit dem Butterfett in ein kleines Töpfchen. Alles zusammen wird erhitzt, bis sich auch das Wachs gelöst hat. Man kann dieses sehr gut im Wasserbad tun. Auf keinen Fall darf das Fett anfangen zu wallen oder zu dampfen. Ist die flüssige Mischung homogen, läßt man sie abkühlen und prüft die Konsistenz. Ist die Creme zu fest, fügt man noch etwas Öl dazu. Ist sie zu weich, kann man sie mit etwas Bienenwachs fester machen. Die fertige Mischung noch zweimal erhitzen und zwischendurch immer wieder abkühlen lassen. Nach dem dritten Abkühlen ist die Creme fertig und kann als Lotion für den ganzen Körper benutzt werden.

Calendula-Salbe

Außer der Calendula-Tinktur kann man aus den Blüten der Ringelblume auch eine ganz feine Salbe herstellen. Sie kann bei Quetschungen, Blutergüssen und Wunden eingesetzt werden, um die Neubildung des Gewebes zu unterstützen (für ihre Anwendungsgebiete s.a. „Calendula-Tinktur"). Sie ist für alle Tage für die Hände zu benutzen, denn sie macht die Haut geschmeidig und heilt Risse. Im Prinzip basiert diese Salbe auf dem Rezept, das als Salbengrundlage beschrieben wurde.

5 - 6 Eßlöffel Sonnenblumenöl
60 g gereinigtes Butterfett
15 g reines Bienenwachs
Calendulablüten
1 Eßlöffel Calendula-Tinktur (nach Wahl)

Ca. 150 g Butter wird erhitzt, bis sie flüssig ist. Der sich auf der Oberfläche bildende Schaum wird mehrmals abgeschöpft, bis die Flüssigkeit klar ist. Dann wird sie noch durch ein Leinentuch abgefiltert. Nach dem Erkalten des so gereinigten Butterfetts wiegt man 60 g ab und erwärmt es langsam zusammen mit dem Bienenwachs. Man gibt so viele Calendulablüten in die flüssige Wachs-Fett-Mischung wie möglich. Wenn die Flüssigkeit ganz homogen ist, lassen wir sie abkühlen. Dieses Aufwärmen und Abkühlen wiederholen wir noch zweimal. Beim dritten Erwärmen wird die Flüssigkeit durch ein Sieb gefiltert und die Blüten

gut ausgedrückt, damit man möglichst viel des nun leicht rosa gewordenen Fettes herausbekommt. Dieses Butterfett/Bienenwachs Gemisch versetzen wir mit 5 Eßlöffel Öl und erwärmen nötigenfalls noch etwas, bis das Öl gut untergerührt ist. Nach dem Erkalten können wir die Konsistenz prüfen. Ist die Creme zu hart, dann geben wir noch etwas Sonnenblumenöl dazu und erwärmen wieder leicht. Auf diese Weise hat man schon eine sehr gute Calendula-Creme hergestellt, die sofort verwendungsfähig ist.
Hat man schon Calendula-Tinktur hergestellt, dann kann man noch 2/3 - 1 Eßlöffel der Tinktur in das noch warme Fett-Öl-Wachs Gemisch mit einem Glasstab oder Holzstöckchen einrühren. Tut man dies gründlich während des Erkaltens, dann bekommt man eine Öl/Wasser Emulsion, die die Salbe noch wirkungsvoller macht. Die nach diesem Rezept hergestellte Salbe ist sehr wertvoll. In ihr sind die ganzen Heilkräfte der Calendula eingefangen.

Calendula-Rosen-Creme

Um diese Creme herzustellen, braucht man zuerst einmal das Calendula-Rosen-Gesichtsöl (siehe Register).

100 ccm Calendula-Rosen-Gesichtsöl
20 g reines Bienenwachs
20 ccm destilliertes Wasser

Das Öl wird im Wasserbad oder auf ganz kleiner Flamme so viel erwärmt, daß sich das Bienenwachs darin löst. Kurz vor dem Festwerden der Masse gibt man die 20 ccm Wasser dazu und rührt während des Erkaltens gut um. Das Erkalten geht am schnellsten, wenn man den Topf mit der Wachs-Öl Mischung in kaltes Wasser stellt. Durch das Rühren während des Erkaltens entsteht eine Öl-Wasser Emulsion, d.h. die Wassertröpfchen werden winzig klein und sind im Öl so verteilt, daß sie sich nicht wieder absetzen. Wenn die Mischung erkaltet ist, erwärmt man sie noch einmal vorsichtig und läßt sie noch einmal langsam (ohne Kaltwasserbad) erkalten. Durch den hohen Ölgehalt „steht" die Creme etwas auf der Haut, aber so nach 5 - 7 Minuten bleibt nur noch ein sanfter Glanz und man hat nicht mehr das Gefühl fettiger Haut. Diese Creme ist gut für rauhe Haut geeignet, oder wenn das Gesicht im Sommer von der Sonne stark beansprucht wurde.

Vogelmierensalbe

Vogelmiere ist eine Pflanze, die fast auf der ganzen Erde vorkommt. Sie ist sehr anspruchslos und bei uns als Unkraut im Garten bekannt. Sie hat kleine weiße Blütchen und feine zierliche Blätter. Wer Hühner hat weiß, daß Vogelmiere mit zu ihrem Lieblingsfutter zählt. Wer einen Garten hat und sich nicht so sehr über das Unkrautrupfen freut, der kann das Unangenehme mit dem Nützlichen verbinden, und aus dem „Unkraut" Salat machen (s.a. Wildgemüse) oder eine Salbe. Im Mittelalter wurde es schon als Salbenzutat erwähnt und die Kräuterfrauen benutzten es, um Besessenen den Teufel auszutreiben:

25 g frische Vogelmiere
15 g getrocknete Beinwellwurzel
5 g getrocknete Calendulablüten
100 ccm Sonnenblumenöl
20 g reines Bienenwachs
10 ccm destilliertes Wasser

Die Kräuter werden zerkleinert so gut es geht, aber nicht pulverisiert. Sie kommen in eine durchsichtige Flasche und werden mit dem Sonnenblumenöl übergossen und die Flasche wird dicht verschlossen. Man nimmt am besten eine kleine Flasche, die höchsten 300 ccm Inhalt hat, damit nicht zuviel Luftraum in der Flasche bleibt. Die Kräuter bleiben 3 - 4 Tage an einem warmen Platz in dem Öl stehen und dann wird das Öl abfiltriert und im Wasserbad leicht erhitzt, so daß man das Bienenwachs darin auflösen kann. Man gibt noch das Wasser dazu und rührt während des Erkaltens (in kaltem Wasserbad) oft um, so daß sich das Wasser in Form von ganz kleinen Tröpfchen im Öl verteilt und eine Emulsion bildet.

Eukalyptus-Balsam

Dieser Balsam ist dem bekannten „Tiger-Balsam" ähnlich. Der aus Asien stammende Tigerbalsam enthält jedoch eine Anzahl von Zutaten, die man bei uns nur sehr schwer bekommt. Dieses Rezept enthält Zutaten, die man mit etwas Glück in der Apotheke bekommt. Einige der ätherischen Öle kann man auch bestellen (s. Anhang). Der Eukalyptus-Balsam eignet sich für Kopfschmerzen, indem man ihn auf die Schläfen streicht. Bei einer

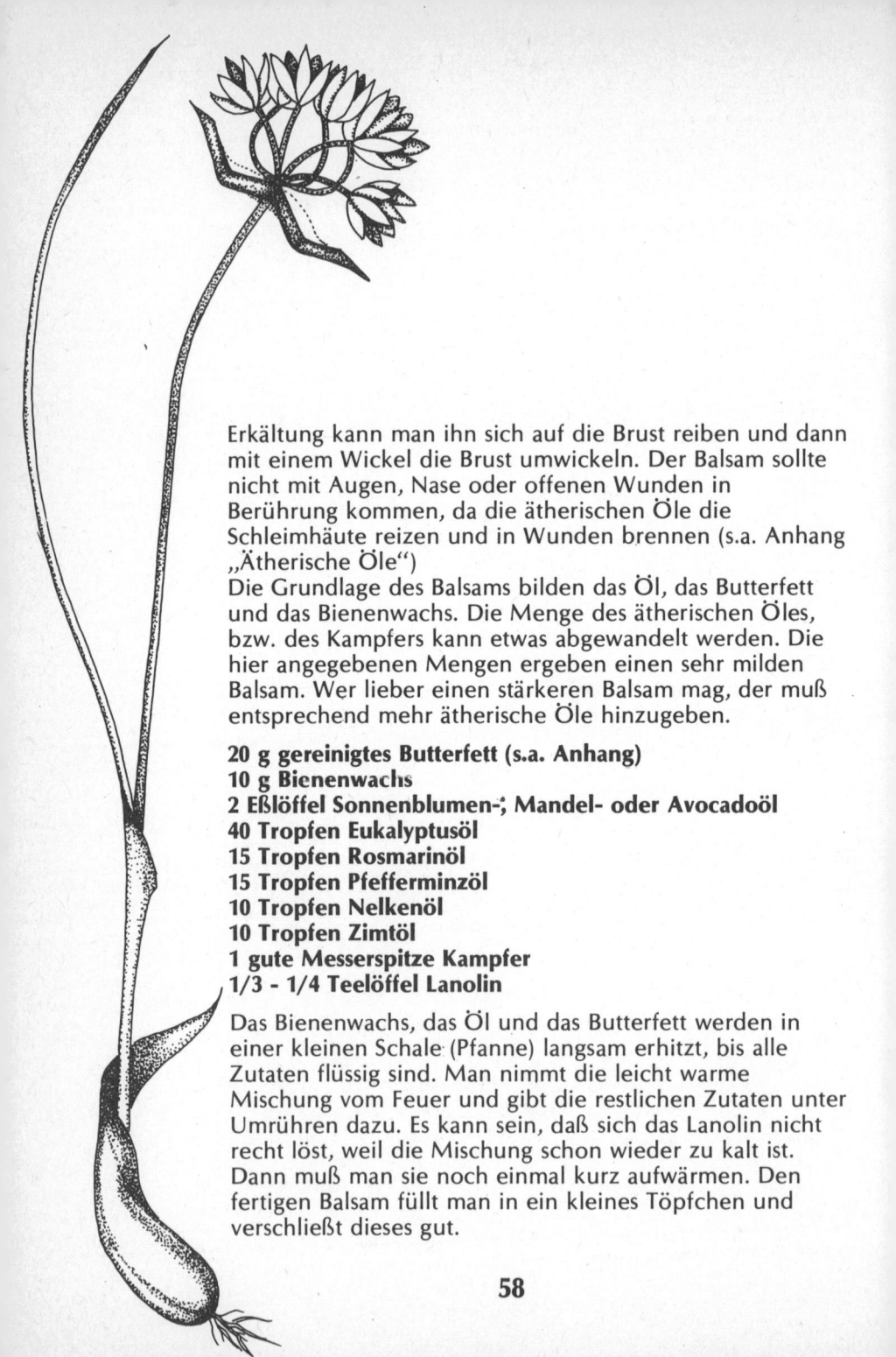

Erkältung kann man ihn sich auf die Brust reiben und dann mit einem Wickel die Brust umwickeln. Der Balsam sollte nicht mit Augen, Nase oder offenen Wunden in Berührung kommen, da die ätherischen Öle die Schleimhäute reizen und in Wunden brennen (s.a. Anhang „Ätherische Öle")
Die Grundlage des Balsams bilden das Öl, das Butterfett und das Bienenwachs. Die Menge des ätherischen Öles, bzw. des Kampfers kann etwas abgewandelt werden. Die hier angegebenen Mengen ergeben einen sehr milden Balsam. Wer lieber einen stärkeren Balsam mag, der muß entsprechend mehr ätherische Öle hinzugeben.

20 g gereinigtes Butterfett (s.a. Anhang)
10 g Bienenwachs
2 Eßlöffel Sonnenblumen-, Mandel- oder Avocadoöl
40 Tropfen Eukalyptusöl
15 Tropfen Rosmarinöl
15 Tropfen Pfefferminzöl
10 Tropfen Nelkenöl
10 Tropfen Zimtöl
1 gute Messerspitze Kampfer
1/3 - 1/4 Teelöffel Lanolin

Das Bienenwachs, das Öl und das Butterfett werden in einer kleinen Schale (Pfanne) langsam erhitzt, bis alle Zutaten flüssig sind. Man nimmt die leicht warme Mischung vom Feuer und gibt die restlichen Zutaten unter Umrühren dazu. Es kann sein, daß sich das Lanolin nicht recht löst, weil die Mischung schon wieder zu kalt ist. Dann muß man sie noch einmal kurz aufwärmen. Den fertigen Balsam füllt man in ein kleines Töpfchen und verschließt dieses gut.

Holunderblütenwasser

Für einen klaren Teint wurde Holunderblütenwasser früher als allgemein geschätztes Mittel verwandt. Unreinheiten, Schäden von zuviel Sonne werden gemildert. Im Sommer tut es auf Reisen gute Dienste, um das Gesicht gegen scharfen Wind und sengende Sonne etwas zu schützen.

50 g Holunderblüten
400 ccm Wasser (am besten destilliertes Wasser)
40 ccm Alkohol

Man sammelt die Holunderblüten, wenn sie trocken und gut aufgeblüht sind. Zu Hause werden die kleinen sternförmigen Blütchen so abgestreift, daß möglichst wenig Stielteile daran hängenbleiben. Dann füllt man die Blüten in einen Tonkrug oder ein feuerfestes Glasgefäß und gießt 400 ccm kochendes Wasser darüber. Das Gefäß wird mit einem Tuch abgedeckt und zum Abkühlen weggestellt. Nach dem Abkühlen gibt man 40 ccm Alkohol dazu und läßt das Ganze noch einmal 4 Stunden stehen. Danach werden die Holunderblüten durch ein dünnes Tuch abgesiebt und die Flüssigkeit wird gut verschlossen in einer Flasche aufbewahrt. Man kann davon ausgiebig Gebrauch machen.

Calendula-Rosen-Gesichtsöl

Aus den Blüten der Ringelblume kann man nicht nur Tinktur und Creme herstellen (s.a. Calendula-Tinktur und Calendula-Creme), sondern auch in Verbindung mit Rosenblütenblättern ein gut duftendes Gesichtsöl. Wenn im Juli und August die Rosen und die Calendula blühen, dann ist es Zeit ein Gesichtsöl anzusetzen. Man sammelt jeweils zwei gute Hände von Calendulablüten und Rosenblütenblättern, die man in eine durchsichtige Flasche gibt. Die Rosen sollten noch nicht gespritzt worden sein. Die Blüten werden mit Öl aufgefüllt. Dazu stellt man sich zuerst eine Mischung her, die zu je einem Drittel aus Mandel-, Avocado- und Sonnenblumenöl besteht. Die Flasche wird bis zum Rand mit Öl vollgefüllt und dann luftdicht verschlossen, damit die Öle nicht ranzig werden. Hat die Flasche 5 - 6 Wochen in der Sonne gestanden, dann ist das Öl fertig, und man kann es von den Blüten abgießen und in eine dunkle Flasche füllen.

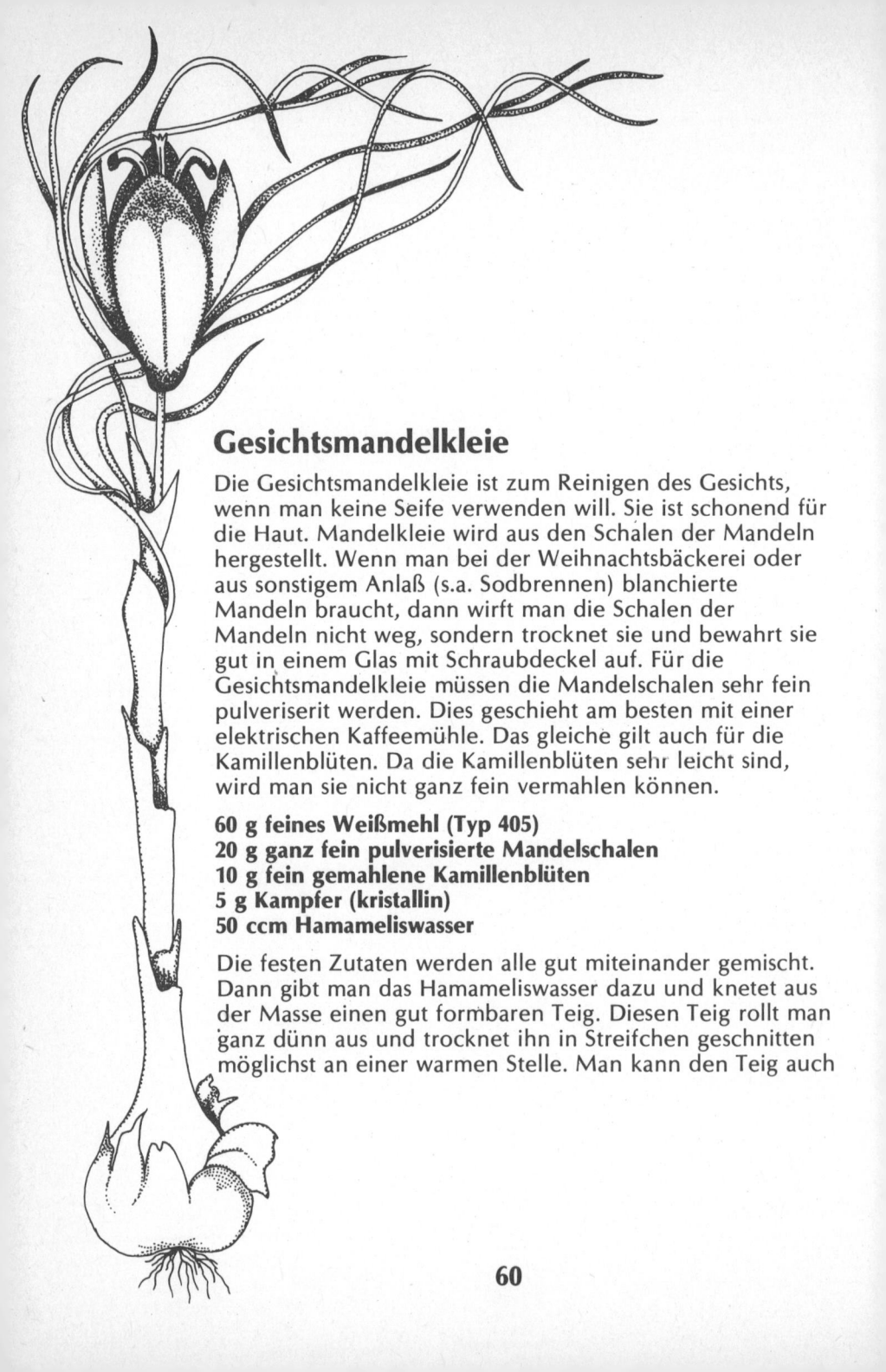

Gesichtsmandelkleie

Die Gesichtsmandelkleie ist zum Reinigen des Gesichts, wenn man keine Seife verwenden will. Sie ist schonend für die Haut. Mandelkleie wird aus den Schalen der Mandeln hergestellt. Wenn man bei der Weihnachtsbäckerei oder aus sonstigem Anlaß (s.a. Sodbrennen) blanchierte Mandeln braucht, dann wirft man die Schalen der Mandeln nicht weg, sondern trocknet sie und bewahrt sie gut in einem Glas mit Schraubdeckel auf. Für die Gesichtsmandelkleie müssen die Mandelschalen sehr fein pulveriserit werden. Dies geschieht am besten mit einer elektrischen Kaffeemühle. Das gleiche gilt auch für die Kamillenblüten. Da die Kamillenblüten sehr leicht sind, wird man sie nicht ganz fein vermahlen können.

60 g feines Weißmehl (Typ 405)
20 g ganz fein pulverisierte Mandelschalen
10 g fein gemahlene Kamillenblüten
5 g Kampfer (kristallin)
50 ccm Hamameliswasser

Die festen Zutaten werden alle gut miteinander gemischt. Dann gibt man das Hamameliswasser dazu und knetet aus der Masse einen gut formbaren Teig. Diesen Teig rollt man ganz dünn aus und trocknet ihn in Streifchen geschnitten möglichst an einer warmen Stelle. Man kann den Teig auch in den Backofen schieben und bei kleinster Hitze trocknen lassen. Dazu muß man die Tür leicht offenstehen lassen. Wenn die Streifchen so hart sind, daß man sie mit der Hand brechen kann, werden sie grob zerkleinert und erneut in der Kaffeemühle gemahlen. Das fertige Pulver füllt man erst nach einigen Tagen in ein Gefäß, damit es noch etwas nachtrocknen kann.

Zum Reinigen des Gesichts nimmt man etwas von der Gesichtsmandelkleie auf die Fingerspitzen, feuchtet das Pulver an und verreibt es im Gesicht. Nachher die Mandelkleie gut abspülen und das Gesicht mit einer pflegenden Creme einreiben.

Sommersprossen

Eigentlich sind Sommersprossen im Gesicht oder auf den Armen nichts Häßliches. Sie sind bei manchen Menschen sozusagen das Tüpfelchen auf dem i. Wen sie jedoch arg stören, für den gibt es hier ein paar Rezepte, die gut gegen Sommersprossen sind, ohne schädlich zu sein.

Frauenmanteltau

Im Sommer sammeln sich in den jungen noch dicht gefalteten Blättern des Frauenmantels ganz feine kleine Tröpfchen. Frauen benutzen diese Tröpfchen, indem sie sie sich auf das Gesicht streichen und einwirken lassen.

Buttermilch und Meerettich

Ein mildes Mittel gegen Sommersprossen wird aus Buttermilch und Meerettich hergestellt.

6 Eßlöffel Buttermilch
1 Teelöffel ganz fein geriebenen frischen Meerettich

Man gräbt sich ein Stück Meerettichwurzel aus, das man ganz fein reibt oder fein zerhackt. Der Meerettich wird mit der Buttermilch gemischt und 10 Minuten stehengelassen. In der Zwischenzeit ölt man sich die zu klärenden Hautpartien (Gesicht, Arme usw.) mit etwas Sonnenblumen- oder Mandelöl ein. Die sehr dünnflüssige Paste wird auf die Haut gestrichen, die man ca. 10 - 15 Minuten einwirken läßt. Dann wird die Haut abgewaschen und nach dem Trocknen mit einer Creme eingerieben.

Holunderblütenwasser

Holunderblütenwasser (s. S. 59) regelmäßig angewandt hat auch einen bleichenden Effekt auf Sommersprossen.

Zigarrenasche für schöne Zähne

Wen die Zahnpastareklame für weiße Zähne fasziniert, der/die braucht deshalb noch lange nicht die dort gepriesene Zahnpasta zu kaufen, um weiße Zähne zu bekommen. Es wäre auch ein ziemlich hoher Preis, die Zähne weiß zu kriegen, um all der Nachteile willen, die man dafür in Kauf nehmen muß (s.a. Zahnpulver aus Holzkohle). Außerdem sind natürlich gepflegte Zähne leicht gelb, was auch die eigentliche Farbe von Zähnen sein sollte. Mit Zigarrenasche bekommt man einen Teil des Zahnbelages weg und die Zähne werden wieder natürlich „gelb".

Man sammelt bei einem Zigarrenraucher die Asche von ein bis zwei dicken Zigarren in einem Schächtelchen, und wenn man die Zähne reinigen will, tupft man die nasse Zahnbürste in die Asche und putzt sich ganz normal damit die Zähne. Es sollte aber auf jeden Fall Zigarren- und keine Zigarrettenasche sein.

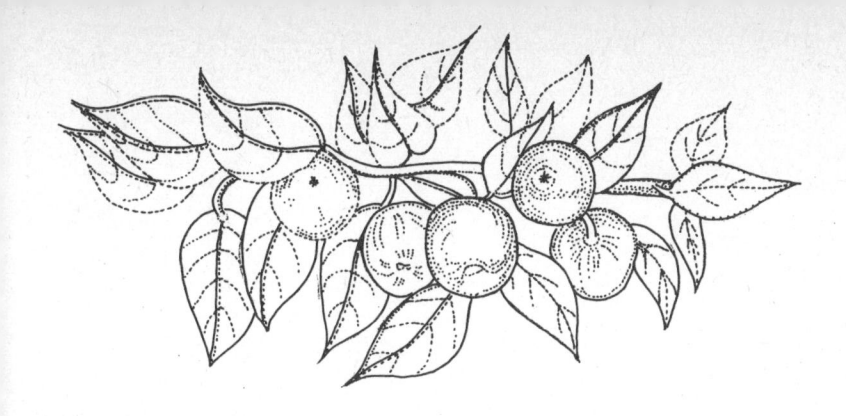

Lavendel-Erfrischungswasser

Dieses Erfrischungswasser ähnelt in seiner Funktion dem „Kölnisch Wasser". Es enthält keinen Alkohol und trocknet deshalb die Haut nicht so stark aus. Es enthält keinerlei Konservierungsstoffe, da der darin enthaltene Essig die Konservierung übernimmt. Es erfrischt an heißen Tagen und sollte dann zur Hand sein, wenn man nach Überanstrengung oder Erschöpfung an leichten Kopfschmerzen leidet.

80 ccm Essig
10 g Lavendelblüten
60 ccm Rosenwasser

Die Lavendelblüten in ein Gefäß geben (s.a. Gefäße) und mit dem Essig und dem Rosenwaser bedecken. Das Gefäß sollte gut verschlossen 10 Tage an einem dunklen kühlen Ort (im Keller) stehen, und bei täglichem kräftigen Schütteln ist das Wässerchen gebrauchsfertig. Wem der Geruch noch zu sauer ist, der kann noch etwas Rosenwasser dazufügen.

Haarkur

Einmal im Monat kann man eine richtige Haarkur machen. Diese Haarkur besteht aus einem Kräuteröl, das in die Kopfhaut einmassiert wird. Die Kräuter können nach Belieben zusammengestellt werden. Nach etwas Ausprobieren kann jeder selbst die für ihn am geeignetsten Kräuter herausfinden.
Hier ein Beispiel für eine Packung, die für alle Haare gut ist:

2 - 4 Eßlöffel Olivenöl (je nach Haarmenge)
1 Teelöffel einer gemahlenen Kräutermischung, die aus folgenden Kräutern besteht:
1 Teil Brennessel
1 Teil Rosmarin
1 Teil Beinwellwurzel

Das Olivenöl wird leicht erwärmt, so daß man gerade noch mit den Fingern hineinfassen kann. Dann gibt man die gemahlenen Kräuter dazu und läßt das ganze etwa 10 - 15 Minuten stehen.
In der Zwischenzeit wäscht man sich die Haare erst einmal, um sie zu reinigen und reibt das Haar mit einem Handtuch etwas trocken. Das Öl wird mit den Fingern auf der Kopfhaut verteilt und leicht einmassiert. Nur so viel Öl verwenden, wie die Haare aufsaugen können. Besonders gründlich sollte man auch die Haarspitzen einreiben. Den Kopf mit einem Stück Plastik und einem Handtuch bedecken und ca. 1/2 Stunde einwirken lassen. Danach mit Shampoo das Öl gründlich herauswaschen (es wird nicht sehr stark schäumen) und gut ausspülen. Eventuell noch ein zweites Mal auswaschen. Zum Schluß mit Apfelessig durchspülen und das Haar als letztes mit klarem Wasser ausspülen.
Man kann auch die Kräuter mazerieren (s. Anhang), wenn man schon einige Tage vorher weiß, daß man die Haarkur machen will. Dann setzt man die Kräuter im Olivenöl an und läßt das Öl einige Tage stehen. Man filtert die Kräuter aus dem Öl heraus, und erwärmt es vor der Benutzung leicht. Nimmt man das Öl gleich nach der Herstellung, pulverisiert man am besten die Kräuter vorher und läßt sie dann im Öl. Beim Nachspülen werden sie mit herausgewaschen.

Haarspülungen

Nachdem man die Haare gut gewaschen hat, kann man sie zur Pflege noch mit einem Mittel ausspülen. Die hier angegebenen Rezepte sind quasi Kräutertees, die man kurz auf das Haar einwirken läßt und sie danach wieder ausspült.
1 Handvoll der Kräutermischung in 1/2 l kochendes Wasser gegeben und 10 Minuten sieden lassen. Danach wird der Absud sehr gut durchgesiebt (möglichst ein ganz feines Sieb oder ein Stück Stoff nehmen). Die noch warme Flüssigkeit wird ins Haar einmassiert und nach 5 - 10 Minuten mit klarem Wasser gut ausgespült.

Für trockenes Haar:

3 Teile Holunderblüten
3 Teile Beinwellwurzel
3 Teile roten Klee
1 Teil Brennessel
1 Teil Rosmarin

Für öliges Haar:

3 Teile Zitronengras
1 Teil Brennessel
1 Teil Rosmarin
3 Teile Quassiaholz

Für dünnes blondes Haar:

3 Teile Kamille
1 Teil Brennessel
1 Teil Kirschbaumrinde
1 Teil Calendulablüten

Rosmarin gegen Spliss

Einige Tropfen des ätherischen Rosmarin-Öls auf die Haarbürste vor dem Kämmen gegeben, verleihen dem Haar Glanz und verhindern das Spalten der Spitzen.

Klettenwurzelöl gegen Haarausfall

Klettenwurzelöl regelmäßig angewandt ist ein gutes Mittel gegen Haarausfall. Die geschwächten Haarwurzeln werden besser durchblutet und angeregt, neue Haare zu bilden. Man kann mit Klettenwurzelöl eine Haarkur äußerlich unterstützen.

200 ccm Sonnenblumenöl
50 g fein geriebene Klettenwurzel

Sammelt man die frischen Klettenwurzeln selbst, so werden sie gewaschen, in kleine Stückchen geschnitten und getrocknet. Die trockenen Wurzeln (die man auch in der Apotheke kaufen kann) werden so gut zerkleinert, wie es geht. Sie sollten jedoch nicht pulverisiert werden. Man mahlt sie ganz kurz in einem Mixer oder einer Kaffeemühle. Die Wurzelteile werden in eine klare Flasche gegeben und mit dem Öl übergossen. Die Flasche kommt an einen warmen Ort und bleibt dort 3 - 4 Wochen stehen. Danach wird das Öl gut abfiltriert und in einer dunklen Flasche aufbewahrt.
Es sei noch erwähnt, daß das Klettenwurzelöl dann nicht mehr helfen kann, wenn der Haarausfall auf ganz zerstörte Haarwurzeln oder tiefgreifende Veränderungen im Hormonhaushalt des Körpers zurückzuführen ist. Dann sollte man auf jeden Fall zu einem Arzt gehen und die genauen Ursachen feststellen lassen.

Die magischen Drei (gegen Rheuma)

Während der Herbstzeit sammelt man sich Eßkastanien und steckt drei Stück (oder eine durch 3 teilbare Zahl) in die linke Hosentasche. Dieses Mittel hilft gegen Rheuma und außerdem ist man das ganze Jahr mit Glück gesegnet, und man nimmt beim Fallen keinen Schaden.
Frauen, die einen Rock ohne Taschen tragen, sind da schlechter dran, als die Männer. Am besten sie stecken die Kastanien in die linke Manteltasche....

Hirse für Haut und Haar

Die Haare und die Nägel sind die Stellen am Körper, die am weitesten vom Zentrum entfernt sind. Dort zeigt sich am schnellsten, wenn der Körper Mineral- oder sonstige Mängel aufweist. Wenn es zu Versorgungsschwierigkeiten im Körper kommt, sieht man es an stumpfen Haaren und dem Brüchigwerden der Finger- und Zehennägel.
Auch die Haut zeigt etwas über den Zustand des Körpers an. Kann der Körper nicht mehr auf dem einfachsten Weg die Giftstoffe ausscheiden, nämlich über die Niere und den Darm, dann bedient er sich der Haut. In der Pubertät spielen noch andere Funktionen eine Rolle, wenn man die Anfälligkeit junger Leute für Pickel und Akne sieht. Von ärztlicher Seite wird dann oft eine Diät empfohlen, die hauptsächlich darin besteht, bestimmte Dinge zu meiden. Kaffee, Tee, Schokolade und überhaupt Zucker sollte man in sehr geringen Mengen zu sich nehmen. Außerdem wird vom Genuß von Schweinefleisch abgeraten.
Unterstützen kann man diese sinnvolle Diätanweisung, wenn man an Stelle der genannten Lebensmittel Kräutertees trinkt und andere, bestimmte Speisen ißt.
Die Hirse ist ein Getreide, das ganz hervorragend für die Behandlung von Haar- und Hautleiden geeignet ist. Ihre Wirkung ist sehr subtil und kann sich eigentlich nur entfalten, wenn man dem Körper sonst keine Giftstoffe zuführt (worunter eigentlich auch die oben genannten Lebensmittel fallen). Von allen Getreiden ist Hirse das am leichtesten verdauliche, und war früher viel häufiger auf den Tischen zu finden als heute. Will man nun mit der Nahrung eine Behandlung gegen Pickel und Akne unterstützen, so kann man die Hirse als Hauptgetreide für die tägliche Nahrung empfehlen.
Deshalb einige Verwendungsmöglicheiten für Hirse:

Hirsemüsli:

Morgens kann man schon mit der Hirse anfangen. Hirseflocken sind gut fürs Müsli geeignet und schmecken recht angenehm, wenn man sie mit Haferflocken oder anderen Flocken mischt. Am besten ist es natürlich, wenn man keine Flocken nimmt, sondern ein Frischkornmüsli bereitet. Dazu braucht man allerdings eine Getreidemühle, um das Getreide am Abend frisch zu mahlen. Das Schrot oder Mehl wird mit Fruchtsaft angesetzt, und am nächsten Morgen ist das Getreide aufgeschlosoen und kann gegessen werden.

50 g Hirse (bzw. Hirseflocken)
50 g Hafer (bzw. Haferflocken)
1 Eßlöffel Rosinen
1 Eßlöffel Leinsamen (nach Bedarf gemahlen)
Nüsse und Mandeln
etwas Zimt, Nelken
Fruchtsaft

Das Getreide wird gemahlen und mit dem Fruchtsaft am Vorabend zu einem flüssigen Brei vermischt. Die restlichen Zutaten werden dazugegeben und gut untergerührt. Am nächsten Morgen hat man schon ein fertiges Frühstück wenn man aufsteht, und man kann nach Belieben noch etwas Obst zum Müsli geben, was den Geschmack noch verbessert. Mit Flocken kann man genauso verfahren. Will man jedoch lieber den festen Geschmack der Flocken, dann bereitet man das Müsli erst am Morgen zu. Auf jeden Fall ist es besser, sich das Müsli aus Getreide selbst zu mahlen, da man dann noch die ganzen Kräfte des Getreides ausnutzen kann. Die Wirkstoffe des Getreides werden während der Flockenherstellung leider zum Teil zerstört.

Hirsebrei

Hirsebrei wird von vielen Kindern gern gegessen, wenn er lecker zubereitet wird:

150 g Hirse
250 ccm Wasser
250 ccm Milch
1 Eßlöffel Honig
1 Ei
eventuell etwas süße Sahne, Zimt

Die Hirse wird im Wasser gekocht und sobald das Wasser verkocht, die Hirse aber noch nicht ganz gar ist, gibt man nach und nach von der Milch dazu, bis ein fester Brei entsteht. Kurz vor dem Servieren gibt man den Honig, das Ei und die Gewürze dazu. Nach 2 - 3 minütigem Abkühlen kann man etwas Schlagsahne unter den Brei mischen. Wer gerne Rosinen mag, kann den Brei mit Rosinen (oder auch Nüssen) garnieren.
Die angegebene Menge reicht für zwei Personen.

Hirseauflauf

500 ccm Wasser (oder 1 1/4 Tasse im Dampfkochtopf)
200 g Hirse
125 g Quark
30 - 40 g Butter
etwas Meersalz
Zitronenschale, Zimt, Nelke und Koriander

Die Zitronenschale und die übrigen Gewürze werden im Wasser 5 - 10 Minuten lang gekocht. Dann werden sie herausgefischt. Man gibt die Hirse in das sprudelnde Wasser und läßt sie 15 - 20 Minuten kochen. Danach wird der ganze noch warme Topf in eine dicke Decke eingewickelt. Darin läßt man die Hirse 1 Stunde oder mehr ausquellen. Auf diese Weise bleibt sie schön körnig. Die fertig gequollene Hirse wird mit der Butter und dem Quark gemischt und gewürzt (Meersalz, frische Kräuter o. ä.) und in eine gut gefettete Auflaufform gefüllt. Im Ofen wird der Auflauf bei mittlerer Hitze 45 - 60 Minuten überbacken. Zum Auflauf kann man Tomatensoße mit Zwiebeln und Paprika, Lauch oder sonst ein Schmorgemüse reichen.

Saunaaufgußmischung

Dies ist ein Rezept für alle, die gern in die Sauna gehen, sei es die eigene zu Hause oder eine öffentliche. Vielleicht läßt sich der eine oder die andere von diesem Rezept verleiten, das erste Mal in eine Sauna zu gehen. Auch im Sommer ein wahrer Genuß und ein gutes Mittel, um Erkältungen entweder gar nicht zu bekommen oder wenn sie kommen, doch in Grenzen zu halten. Bei öffentlichen Saunen ist es so, daß dem Aufgußwasser oft schon ein Schuß Aufgußmischung beigegeben wird. In der Praxis hat man dann folgenden Effekt: Mit den ersten Kellen bekommt man alles ab (weil die Öle und Duftstoffe oben schwimmen), nachher bleibt nur reines Wasser. Da ist es praktisch, wenn man ein kleines Fläschchen selbst hergestellter Mischung parat hat. Außerdem sind die käuflichen Aufgußmischungen manchmal nicht nur aus ätherischen Ölen gemacht, (sonst könnte man sie kaum bezahlen). Zum Selbermischen nimmt man natürlich nur das Beste vom Besten, d.h. reine ätherische Öle:

100 ccm Alkohol (am besten 50 % oder mehr)
1 ccm Eukalyptusöl
1 ccm Rosmarinöl
1 ccm Latschenkieferöl
1/2 ccm Pfefferminzöl (einige Tropfen)
1/2 ccm Nelkenöl

Wenn der Alkohol hochprozentig genug ist, lösen sich die ätherischen Öle gut auf. Damit sorgt man für eine gleichmäßige Verteilung. Beim Aufguß nimmt man dann pro Kelle einen Teelöffel der Aufgußmischung. Bei der Verwendung von Pfefferminzöl sollte man vorsichtig sein und am besten erst mit ein paar Tropfen probieren. Pfefferminzöl wirkt im Gegensatz zu allen anderen ätherischen Ölen in der Saunahitze nicht erwärmend, sondern abkühlend. Nimmt man zuviel, hat man den Eindruck, in einem Eisberg eingeschmolzen zu sein und gleichzeitig innerlich zu verbrennen. Nelkenöl sollte man auch vorsichtig dosieren, da es sehr intensiv ist und nicht jedermanns „Geschmack".

Bademehl

Bademehl ist eine Mischung aus verschiedenen Mehlsorten und Kräutern. Es wird sowohl in kleinen Mengen dem Badewasser zugesetzt, als auch für die Reinigung des Körpers benutzt.

250 g feines Hafermehl
80 g feines Weizenmehl
80 g feines Roggenmehl
5 g Lavendelblüten
5 g Kamillenblüten
5 g Salbei
5 g Thymian
30 g Borax

Das Mehl sollte fein gemahlen sein. Am besten ist es, Mehl aus biologisch angebautem Getreide zu kaufen (z.B. Demeter-Mehl). Man sollte jedoch auf jeden Fall gutes Vollkornmehl und kein Auszugsmehl (Typ 405) nehmen. Bekommt man kein feines Mehl, kann man Schrot nehmen, der durch ein feines Sieb gesiebt wird. Das gröbere Schrot kann man noch zu Müsli verarbeiten. Die Kräuter sollten auch recht fein gemahlen sein, damit sie sich gut unter das Mehl mischen lassen.
Zur Benutzung des Bademehls näht man sich ein kleines Säckchen von der Größe 15 x 15 cm und gibt pro Bad ungefähr 1/3 - 1/2 der im obigen Rezept angegebenen Gesamtmenge des Bademehls hinein.
Während des Einlaufens des Wassers hängt man das Säckchen in den Wasserstrahl. Zum Waschen des Körpers wird das Säckchen leicht ausgedrückt. Man nimmt es in die Hand und reibt damit kräftig den ganzen Körper ab. Durch das Hafermehl wird die Haut weich und zart. Außerdem hilft das Bademehl kleine Hautunreinheiten zu beseitigen. Es ist gut für zu Schuppenabsonderungen neigende Haut.

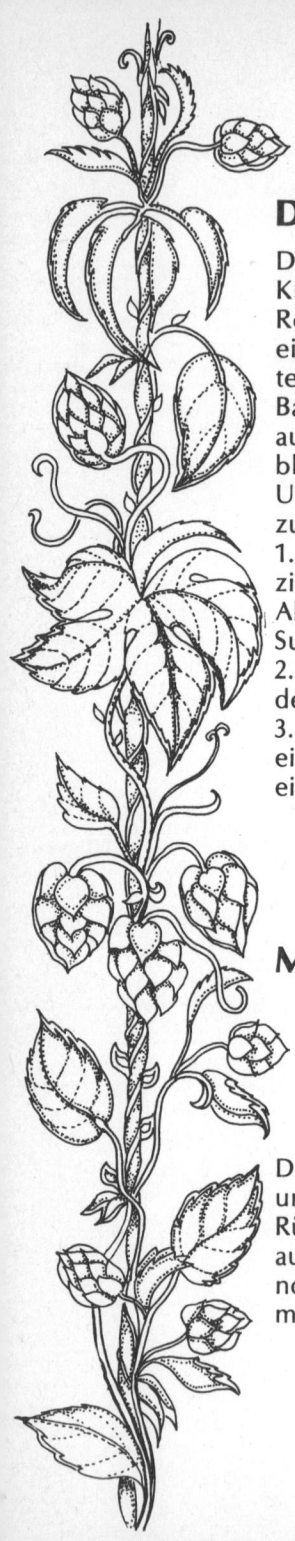

Das Kräuterbad — ein wohliger Genuß

Der Genuß eines schönen warmen Bades läßt sich durch Kräuterzusatz noch steigern. Im Orient und bei den Römern spielte und spielt das Baden im kulturellen Bereich eine große Rolle. Man nutzt dort die heilenden Fähigkeiten der Kräuter und schätzt ihre wohltuende Wirkung als Badezusatz. Kräuter duften nicht nur gut, sondern können auch verspannte Muskeln lockern, eine schlechte Durchblutung anregen und Hautjucken lindern.
Um Extrakte aus Kräutern zu gewinnen und daraus ein Bad zuzubereiten, gibt es mehrere Möglichkeiten:
1. Die Kräuter werden in kochendes Wasser gegeben und ziehen dann 10 - 20 Minuten im Wasser. Nach dem Absieben der Kräuter, mit einem Sieb oder Tuch, wird der Sud dem Badewasser zugesetzt.
2. In einem Leinensäckchen werden die Kräuter eingebunden und ins Badewasser gelegt.
3. Je 1 Teil Borax und 4 Teile Kräuter werden zusammen in ein Leinensäckchen eingebunden und in den Strahl des einlaufenden Wassers gehängt.

Muskelbalsam

> 20 g Hopfenblüten
> 20 g Lindenblüten
> 20 g Kamillenblüten
> 20 g Lavendelblüten
> 2 schwach gehäufte Teelöffel Borax

Die Kräuter werden mit kochendem Wasser übergossen und müssen 10 Minuten darin ziehen. Durch ein Sieb die Rückstände absieben und das Borax im Kräutersud auflösen. Alles ins Badewasser hineingießen und sich selbst noch dazulegen. Badet man mit einem/r Freund/in, spart man Wasser und Energie und der Spaß verdoppelt sich.

Mineralische Badesalze

Man setzt dem Badewasser Badesalze zu, um das Wasser weich zu machen oder um einen Sprudeleffekt zu erreichen, der stimulierend auf die Haut wirken soll. Bei den hier verwandten Chemikalien handelt es sich um mineralische Salze, die die Haut nicht angreifen. Für die genaueren chemischen Bezeichnungen der einzelnen Substanzen siehe Anhang.

Einfaches Badesalz

1 Teil Borax (ca. 100 g)
1 Teil Natron (ca. 100 g)

Die beiden kristallinen Substanzen werden gemischt. Für ein Vollbad braucht man 2 - 3 Eßlöffel.

Badesalz für hartes Wasser

2 Teile Natriumdiphosphat (100 g)
2 Teile Soda (100 g)
1 Teil Borax (50 g)

Das Natriumphosphat wirkt wasserenthärtend. Es bildet mit dem im harten Wasser vorkommenden Kalksalzen unlösliche Verbindungen, die ausfallen und dadurch das Wasser enthärten. Borax ist ein mildes Entfettungsmittel für die Haut. Man sollte diese Art von Substanz nicht zu oft benutzen, da die Haut entfettet wird. Ab und zu kann man sie jedoch benutzen, weil durch das weiche Wasser eine gute Reinigung des Körpers möglich ist. Pro Bad 2 - 3 Eßlöffel.

Sprudelbad

20 g Soda
10 g Natron
5 g Natriumperborat (wasserfrei)

Beim Lösen in Wasser (pro Bad 3 Eßlöffel) entwickelt das Natriumperborat mit dem Wasser Sauerstoff und es sprudelt etwas.

Fichtenspitzenbad

Im Juni oder Juli, wenn die Fichten schon ihre grünen jungen Triebe ganz weit herausgestreckt haben, ist es Zeit, sie zu sammeln. Dabei sollte man beachten, daß die neuen Triebe für den Baum sehr wichtig sind, weil sie sein Wachstum an den Astspitzen darstellen. Man sollte deshalb nur sehr wenig sammeln und von einem einzelnen Baum nicht zu viele. Außerdem sollte man sich bei der Herstellung des Fichtenspitzenbades auf 2 - 3 l beschränken und ein Fichtenspitzenbad als wirklich außergewöhnliches Ereignis genießen oder es benutzen, wenn der ganze Körper reißt und zieht.

250 g Fichtenspitzen
1,5 l Wasser

Die Fichtenspitzen werden im Wasser ganz kurz aufgekocht und dann noch 5 Minuten ziehen gelassen und das Waser dann durch ein Tuch filtriert. Das fertige Fichtenspitzenwasser wird noch einmal ganz kurz aufgekocht und dann in Flaschen von 330 - 350 ccm abgefüllt und sofort verschlossen. Damit erreicht man eine Haltbarkeit von 1/2 bis 1 Jahr. Für ein Bad braucht man gerade so 300 - 400 ccm.

Hat man einen Dampfkochtopf, so kann man das Verfahren schonender machen, indem man die Spitzen im Wasser vom Feuer nimmt und abkühlen läßt (langsam). Das Wasser muß dann wie oben beschrieben noch einmal aufgekocht und abgefüllt werden.

Zum Baden läßt man das heiße Wasser einlaufen und schüttet das Fichtenspitzenbad hinein und rührt um. Man merkt nach dem Baden ein ganz leichtes Prickeln auf der Haut und eine angenehme Wärmeempfindung.

Wer nicht in den Wald gehen will um die Spitzen selbst zu sammeln (oder wer im Herbst auf die Idee kommt, ein Fichtenspitzenbad anzusetzen), der kann auch bei Kräuterversänden getrocknete Fichtenspitzen bestellen (s. Anhang).

Johannisöl

Dieses Rezept ist schon recht bekannt. Es soll hier aufgeführt werden, weil es einfach auszuführen ist und es Spaß macht, zuzusehen, wie das Öl nach und nach „reift". Man sammelt im Juli und August frisches Johanniskraut. Es wächst eigentlich in ganz Deutschland und man erkennt es u.a. daran, daß seine Blättchen kleine Pünktchen haben, die man sieht, wenn man sie gegen das Licht hält (deshalb heißt die Pflanze auch Tüpfelhartheu oder Löcherkraut). Zum Bestimmen der Pflanze sollte man jedoch unbedingt ein gutes Kräuterbuch zu Rate ziehen.
Von der Pflanze sammelt man die Blüten und steckt sie in eine durchsichtige Flasche. Am besten nimmt man die Flasche gleich zum Sammeln mit. Die Blüten (und wenn ein paar Blättchen dazwischenrutschen macht das auch nichts) werden recht gut in die Flasche gedrückt, bis sie voll ist. Dann füllt man mit Öl auf. Die Meinungen, ob es besser sei, Oliven- oder Sonnenblumenöl zu verwenden, gehen auseinander. Ich habe festgestellt, daß Olivenöl dem fertigen Johanniskraut einen sehr strengen Geruch verleiht. Das Johanniskraut selbst riecht schon sehr stark. Nimmt man hingegen Sonnenblumenöl, wird dieser Effekt etwas gemildert. Will man ein ganz besonders feines Öl ansetzen, kann man Mandel- und Sonnenblumenöl zu gleichen Teilen mischen. Hat man die Flasche mit dem Öl bis fast zum Rand gefüllt, wird sie gut luftdicht verschlossen (am besten sind TWIST-OFF Gläser geeignet). Das ist wichtig, weil durch das Offenstehen das Öl leicht ranzig werden kann und die oben aus dem Öl herausragenden Teil anfangen können zu verschimmeln. Ein solch verdorbenes Öl läßt sich nicht mehr verwenden. Die dicht verschlossene Flasche auf den Kopf drehen und warten, bis die Luftblase nach oben gestiegen ist. Nach 4 - 5 Wochen wird das Öl anfangen, sich rot zu färben. Durch das Öl und die Sonne wird aus dem Johanniskraut ein roter Farbstoff extrahiert. Nach ca. 7 - 8 Wochen ist dieser Vorgang zu Ende und wir haben ein Öl, das sich gut zum Massieren eignet. Da es sich praktisch um ein reines Öl handelt, bleibt einige Zeit ein dünner Fettfilm auf der Haut, was beim Massieren jedoch keine so große Rolle spielt, da man das Fett in die Haut massiert. Es macht die Haut schön zart. Außer zum Massieren kann man es auch als Körperöl benutzen, wenn man im Sommer in der Sonne ist. Es hat

jedoch keinen Schutzfaktor, d.h. daß es zwar die Haut fettet, man sollte jedoch möglichst viel im Schatten bleiben. So wird man auch braun und belastet den Kreislauf nicht so stark, so daß man die Bräune nachher auch noch genießen kann.
Johannisöl ist nicht nur ein gutes Massageöl, sondern kann auch als Mittel gegen Bienenstiche oder bei kleineren Schnittwunden verwendet werden.
Innerlich genommen hilft es gegen melancholische Zustände und Niedergeschlagenheit. Man nimmt dazu einen Teelöffel voll Honig und gibt einige Tropfen Johannisöl darauf. Um die Wirkung zu verstärken, kann man noch eine Tasse Melissentee hinterher trinken.
Falls es passieren sollte, daß das angesetzte Johannisöl aus irgendeinem Grunde ranzig wird, dann braucht man es nicht gleich wegzuwerfen. Das Ranzigwerden kann durch zu langes Stehen, bzw. wenn der Deckel der Flasche während des Mazierens nicht richtig schließt, vorkommen. Dann bildet sich auf dem Öl eine dünne Schicht, oder die aus dem Öl herausragenden Kräuter fangen an zu schimmeln. Dieses Öl kann man immer noch gut zur Herstellung einer Seife verwenden (s.a. Seifenrezepte).

Sonnenschutzmittel

Um die Haut im Sommer vor dem Verschrumpeln zu schützen, kann man sich aus verschiedenen Fetten ein Sonnenöl herstellen;

50 g Kakaobutter
50 g Kokosfett
Eßlöffel Sonnenblumenöl

Die drei Fette werden im Wasserbad so schwach wie möglich erhitzt. Es soll nur so warm sein, daß sie gerade schmelzen. Das Kokosfett raspelt man am besten in kleine Stückchen, weil es dann schneller schmilzt. Kakaobutter ist ein Fett, das bei Zimmertemperatur fest ist. Man bekommt es zu Blättchen geraspelt in der Apotheke. Da es recht teuer ist (100 g ca. 10,— DM) sollte man nur so viel kaufen, wie man für das Rezept braucht.
Nach dem Erkalten hat man ein Öl, das sich sehr gut zum Einreiben des Körpers eignet, wenn man im Sommer in die Sonne gehen will. Es ist bei Zimmertemperatur fest und

wird in der Sonne weich. Man nimmt ein wenig auf die
Hand und verreibt es gut auf der Haut. Dieses Fett ist nur
ein Schutz für die Haut und kein Freibrief dafür, sich
mehrere Stunden in der Sonne bewegen zu können. Trotz
des Fettes auf der Haut (das eigentlich keinen echten
Schutzfaktor darstellt), wird der Kopf und der ganze
Kreislauf durch zu lange Sonneneinwirkung belastet.
Deshalb sollte man sich beim Sonnenbaden im Sommer
nach und nach an die Sonne gewöhnen (jeden Tag etwas
länger). Dann kann das Sonnenöl auch erst seine volle
Wirkung entfalten.

Calendula-Tinktur
Calendula officinalis = Ringelblume

Bei einer Tinktur handelt es sich um einen Auszug aus der
gewünschten Heilpflanze (s.a. Anhang Tinkturen). Am
bekanntesten sind Arnika- und Myrrhentinktur, die in
jeder Apotheke erhältlich sind. Normalerweise handelt es
sich dabei um einen alkoholischen Auszug. Alkohol allein
löst jedoch nicht alle Inhaltsstoffe, sondern zieht nur einen
Teil der Pflanze in das flüssige Medium. Um die ganzheit-
liche Wirkung der Pflanze zu erfassen, sollte man die
Pflanze in ihrer Gesamtheit nutzen. Ich verwende die
Calendulablume für die Tinktur, da die Arnikapflanze, aus
der eine ganz hervorragende Tinktur gewonnen werden
kann, im Gegensatz zur Calendula, nur in bestimmten
Gegenden vorkommt und außerdem streng unter Natur-
schutz steht. Die Calendula ähnelt nicht nur äußerlich der
Arnikapflanze, sondern hat auch ähnliche Heilwirkungen.
Sie wirkt zirkulationsanregend und fördert das Wachstum
der bei der Wundheilung sich bildenden Gewebe.
Die Calendula-Tinktur wird äußerlich angewandt gegen
Blutergüsse, Quetschungen, Krampfadern, offene
Geschwüre, Beulen und Muskelzerrungen. (Siehe Vorwort)
Das Rezept garantiert bei sachgemäßer Herstellung ein
gutes Produkt mit langer Lagerfähigkeit (1 Jahr mindestens,
dann sollte man am besten dem Kreislauf der Natur
folgend eine neue Tinktur ansetzen).
Man nimmt eine Handvoll frischer (oder getrockneter)
Calendulablüten (die ganze Blüte) und gibt sie in eine
durchsichtige Flasche. Die Blüten werden mit abgekochtem
oder destilliertem Wasser übergossen, so daß sie gerade

bedeckt sind. Das Gefäß wird verschlossen und ans Licht gestellt. Möglichst etwas warm und im vollen Sonnenlicht. Es bleibt 3 Tage so stehen. Dann wird das Wasser abgegossen und in einer (möglichst sterilen) Flasche aufbewahrt. Jetzt werden die Blüten mit Alkohol (40 %) übergossen und ebenfalls wie beim Wasserauszug beschrieben behandelt. Man braucht nur noch ungefähr ein Drittel der Flüssigkeit, verglichen mit der Wassermenge, weil die Blüten schon etwas zusammengedrückt sind.

Nachdem die Blüten 3 Tage im Alkohol gelegen haben, wird der Alkohol zum Wasserauszug dazugegossen. Die ganze Flüssigkeit wird filtriert, um Blütenrückstände zu entfernen. Es ist sehr wichtig, daß sauber gearbeitet wird, um eine gute Haltbarkeit zu erzielen. Dazu sollte man folgendes beachten: Alle Gefäße, die benutzt werden, sollten mit kochendem Wasser ausgespült werden und dann von alleine trocknen, d.h. sie werden nicht mit einem Tuch trocken gerieben, weil sonst Fussel daran hängenbleiben würden. Man kann auch alle Gefäße zuerst mit destilliertem Wasser und dann mit hochprozentigem Alkohol ausspülen. Beim Filtern kann ein Kaffeefilter verwendet werden, oder noch besser ist ein steriler Verbandmull, den man 3- oder 4fach faltet. Hat man die beiden Flüssigkeiten gemischt und durchfiltriert, bleiben die Blüten übrig, die man nicht wegwirft, sondern weiterverarbeitet. Dazu werden sie verascht, d.h. auf einem Metallteller über einer Flamme vollständig verbrannt. Bei diesem Vorgang entsteht viel Rauch, deshalb sollte man ihn ins Freie verlegen. Auf einem kleinen Campingkocher lassen sich gute Resultate erzielen. Man kann ein Backblech oder den alten Deckel eines Honigtopfes nehmen. Da die Blüten noch mit Alkohol getränkt sind, wenn man sie gleich nach dem Abgießen des Alkohols verbrennt, wird die Flamme nach anfänglichem Zischen der Blüten überspringen und anfangen die Blüten zu verbrennen. Das ist erwünscht. Der Fortgang des Verbrennens geht so vor sich, daß die Blüten zuerst schwarz werden und dann verglühen, bis nur noch ein kleines Häufchen grauer oder sogar fast weißer Asche übrig bleibt. Alle noch schwarzen Teile müssen restlos verglüht werden. Die Asche kann dann noch ganz fein gemahlen (Mörser oder mit einem Löffel in einer Schale) und abschließend zu der Flüssigkeit (Alkohol-Wasser Auszug) dazugegeben werden.

Calendula-Tinktur Umschlag

Bei offenen Geschwüren, eitrigen Wunden, Beulen oder verheilenden Schnittwunden hilft ein Calendula-Umschlag. Dazu verdünnt man die Calendula-Tinktur mit Wasser 1:3 bis 1:4. Das Wasser sollte abgekocht sein. Man befeuchtet ein sauberes Leinen- oder Baumwolläppchen und legt es auf die kranke Stelle.

Johanniskraut-Tinktur

Die Johanniskraut-Tinktur wird nach ganau dem gleichen Prinzip hergestellt wie die Calendula-Tinktur. Sie findet Verwendung bei Nervenentzündungen, Nervenschwäche und Schlaflosigkeit. Bei äußerlicher Anwendung (Entzündungen usw.) reibt man die betroffenen Stellen öfters mit der Tinktur ein. Bei Schlaflosigkeit nimmt man innerlich abends vor dem Schlafengehen etwa 10 - 15 Tropfen auf einem Teelöffel guten Honig.

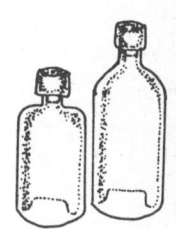

Herzwein (nach Dr. Hertzka)

Der Herzwein zeigt Erfolge bei Herzschwächen und echten Herzleiden. Schmerzen am Herz können damit zum Verschwinden gebracht werden, wenn sie ihre Ursache in Fehlfunktionen des Herzens haben.

0,7 l guten Weißwein
8 - 10 Stengel Petersilie
2 Eßlöffel guten Apfelessig
200 g reinen Bienenhonig

Man nimmt eine Flasche Wein (0,7 l) und gibt den Inhalt in einen großen Topf. Es kommen die Petersilienstengel und der Essig dazu. Auf kleiner Flamme wird die Flüssigkeit erhitzt un dann zum Kochen gebracht. Sie sollte etwa 20 Minuten lang sieden. Das Gefäß muß recht groß sein, weil die Flüssigkeit schäumt. Wenn die Flüssigkeit auf ca. 40° C abgekühlt ist, gibt man den Honig dazu. Dann füllt man den noch warmen Wein in Flaschen, die sich dicht verschließen lassen, Die Flaschen sollten vorher gut ausgespült worden sein. Das macht man am besten mit kochendem Wasser oder hochprozentigem Alkohol. Kühl gelagert hält dieser Herzwein einige Monate.

Myrrhe

Bei der Myrrhe handelt es sich wie beim Weihrauch um ein Baumharz. Dieses Baumharz wird durch verschiedene Bäume in Südarabien und Nordäthiopien gebildet, in dem der durch Wunden an die Oberfläche fließende Milchsaft langsam trocknet und eindickt. Nach und nach wird er dann ganz fest. Myrrhen- und Weihrauchharz wird nur in warmen Ländern gewonnen. Bei uns gibt es die Kirsche, die eine diesen Harzen verwandte Substanz produziert, nämlich den Kirschgummi. Es sind hasel- oder walnußgroße braune Stücke, die man an Kirschbäumen hängen sieht. Sie sind am Anfang noch sehr elastisch und werden mit der Zeit fest. Bernstein ist eine ähnliche Substanz, die allerdings schon so alt ist, daß sie gänzlich versteinert wurde. Myrrhe kann man als Droge in der Apotheke kaufen und daraus selbst Myrrhentinktur herstellen (s. Rezept). Sie besteht meist aus hell- bis dunkelbraunen stecknadelkopfgroßen Harzstückchen.

Myrrhentinktur

Die Myrrhe ist in ihren Ursprungsländern schon länger als Heilmittel bekannt als bei uns. Die aus ihr hergestellte Myrrhentinktur ist ein Mittel für die Mundpflege. Sie wird bei Schmerzen am Gaumen und entzündetem Zahnfleisch angewandt. Man wickelt etwas Watte um das Ende eines Streichholzes und tunkt es in die Myrrhentinktur. Damit werden dann die schmerzenden oder entzündeten Stellen leicht eingerieben.
Sie wird nach dem gleichen Prinzip hergestellt wie die Calendula-Tinktur (s. Register).

20 g Myrrhenharz
80 cm dest. Wasser
80 ccm 70 %igen Alkohol

Die kleinen Harzklümpchen werden 3 Tage lang im destillierten Wasser ausgezogen. Dabei färbt sich das Wasser dunkelbraun und die Klümpchen fangen an, sich aufzulösen. Nach 3 Tagen wird die Flüssigkeit durch ein Tuch gefiltert und das Tuch herumgedreht und mit dem Alkohol ausgewaschen, damit der im Tuch hängende Rest von Myrrhe in das Gefäß zurückgespült wird. Auch im Alkohol bleibt das Harz 3 Tage lang liegen. Danach wird der Alkhol, der sich in Berührung mit dem Harz cremefarbig gefärbt hat, abfiltriert, und zu dem Wasser gegeben. Die verbleibenden Reste des Harzes werden verascht (s.a. Calendula-Tinktur). Die beiden Flüssigkeiten mischen und einen Tag stehen lassen, damit sich noch vorhandene Trübstoffe absetzen können. Man gießt die geklärte Flüssigkeit ab und gibt die Asche dazu. Die fertige Tinktur wird in eine dunkle Flasche gefüllt.

Gegen böse Geister
Mistelamulett:

Misteln waren den alten Druiden heilig. Sie waren die einzigen, die die Misteln von den Bäumen sammeln durften. In weißen Gewändern gingen sie auf Mistelsuche und schnitten die auf Eichen wachsenden Exemplare mit einer kleinen goldenen Sichel ab. Die abgeschnittenen Zweige durften nie mit dem Boden in Berührung kommen. Nur dann konnten sie als Amulett dienen. Bei Berührung mit der Erde verloren sie einen Teil ihrer Wirkung.
Man kann auch Misteln sammeln, die nicht auf Eichen wachsen (denn diese sind selten). Es ist jedoch wichtig, daß man sie selbst sammelt. Man nimmt also ein Stück Mistelzweig mit nach Hause und trocknet es, bis es ganz hart wird. Trägt man es an einem leinenen Faden gebunden um den Hals, wird man von bösen Geistern verschont.

Rizinus — der Wunderbaum

Wunderbaum heißt der Rizinus nicht wegen seiner wunderbaren abführenden Wirkung, sondern weil er sich aus dem Samen innerhalb weniger Monate zu einem 3 - 4 m hohen Strauch entwickelt. Eigentlich ist die Bezeichnung Baum etwas irreführend, da es sich um einen Strauch handelt. Außer der bekannten abführenden Wirkung hat das aus den Samen gewonnene Rizinusöl noch andere, weniger bekannte Heilwirkungen. In den Tropen und Subtropen angebaut heißt die Pflanze dort auch Christuspalme, weil sie bei Wunden heilt und durch Umschläge den Körper in seiner Regenerationskraft unterstützt (s.a. Erste Hilfe — Tiere). Von einigen Naturheilärzten wird Rizinusöl sogar bei Tumoren und Gewebeveränderungen im Unterleib benutzt.

Rizinus-Umschlag

Der folgende Umschlag ist geeignet für Kopfschmerzen, Magenschleimhautreizung, Hämorrhoiden oder einfach zum Wohlfühlen. Am besten ist es, einen warmen Umschlag zu machen. Manchmal wird die Hitze jedoch als unangenehm empfunden, dann macht man einen kalten Umschlag. Dies kann besonders bei Magenbeschwerden der Fall sein.

1 Tasse Rizinusöl
1 altes Bettlaken zum Unterlegen
1 altes Handtuch oder Stück Stoff
1 altes Plastiktuch zum Abdecken
1 großes Badetuch
1 Heizkissen oder Wärmflasche
evtl. Sicherheitsnadeln

Das alte Handtuch wird mit dem Rizinusöl getränkt und doppelt oder dreifach (je nach Größe) zusammengefaltet. Zum Schutz des Bettes kann man ein altes Bettlaken unterlegen. Man lege sich mit dem Rücken auf das Bett und plaziere das Handtuch mit dem Öl auf den Magen-Darmbereich. Dann deckt man das Handtuch mit etwas Plastik ab (alte Einkaufstragetüte) und umwickelt die Packung mit einem großen Badetuch, das man mit Sicherheitsnadeln feststecken kann. Obendrauf kommt ein Heizkissen. Man kann auch zum schnelleren Erwärmen das

Heizkissen zwischen Plastik und Badehandtuch legen. Liegt man ruhig und bewegt sich nicht, kann man auch das Badehandtuch weglassen. Der Umschlag bleibt ungefähr eine 3/4 Stunde bis 1 Stunde auf dem Körper. Während dieser Zeit kann man sich entspannen oder etwas lesen. Bei akuten Fällen kann der Umschlag auch über die ganze Nacht angewandt werden. Dann sollte man ihn aber auf jeden Fall gut feststecken. Nach der Abnahme des Umschlages wird das Öl mit etwas Seife abgewaschen. Man macht pro Tag einen Umschlag und hält sich am besten an folgende Anwendungsregel: 4 Tage jeweils mit Umschlag und 3 Tage ohne, oder 7 Tage Anwendung und 7 Tage Pause.

Rizinus fürs Wimpernwachstum

Rizinus mit einem feinen Bürstchen auf die Wimpern aufgetragen läßt die Wimpern stärker und voller wachsen. Beste Anwendungszeit ist abends vor dem Schlafengehen.

Wurmmittel

Heutzutage kommt Befall mit Würmern (Bandwurm, Madenwurm usw.) nicht mehr so häufig vor. Hat man jedoch einmal das Pech, einen Wurm zu haben, so helfen Kürbiskerne in Verbindung mit Rizinusöl. Die Kürbiskerne enthalten einen Stoff, der den Wurm vertreibt. Das Rizinusöl wirkt stark abführend.

1 Tasse Kürbiskerne
1 Eßlöffel Rizinusöl

Die Kürbiskerne sollten schon geschält und geröstet sein. Man findet diese Kürbiskerne in Naturkostläden und Reformhäusern oder kann sie auch bestellen (s. Anhang). Hat man selbst einen Kürbis im Garten angebaut oder auf dem Markt gekauft, so kann man die Kerne rösten und auch die weißen Schalen mitessen, wenn einem die Kauarbeit nicht zu viel ist. Hat man die Kürbiskerne sehr gut gekaut (!), nimmt man nach einer Stunde einen Eßlöffel Rizinusöl. Falls die Behandlung beim ersten Mal nicht angeschlagen hat, kann man sie ruhig wiederholen.

Rizinusöl war lange Zeit das meist benutzte Abführmittel. Heute geht man damit sparsamer um, da es für den Magen und den Darm eigentlich eine Belastung darstellt (es reizt die Schleimhäute). Außerdem gibt es heute Abführmittel, die durch ihre Quellfähigkeit oder durch ihren Ballaststoffgehalt schonender wirken (s.a. Verstopfung).
Für eine Wurmkur kann man Rizinusöl jedoch ein- oder zweimal unbedenklich verwenden.

Knoblauch-Klistier

Ähnlich wie Vampire mögen auch Würmer keinen Knoblauch. Man löst zwei mittlere fein zerdrückte Zehen Knoblauch in 1 l Wasser und macht mit dieser auf Körpertemperatur erwärmten Flüssigkeit einen Einlauf.

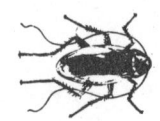

Brennessel und Tomaten gegen Mücken

Im Sommer plagen die Mücken oft Mensch und Vieh. Um sich dagegen zu wehren, haben Kühe einen Schwanz, mit dem sie einen Teil der Mücken und Fliegen abwehren können. Wir Menschen müssen uns anderweitig helfen. Ein gutes Mittel gegen Mücken ist, Tomaten vor dem Fenster zu pflanzen, da der Geruch ihnen nicht zusagt. Wohnt man im 21. Stockwerk eines Hochhauses und kann keine Tomaten vor das Fenster stellen, sammelt man sich draußen ein paar Brennesseln und bindet sie zu einem Bündel zusammen, das man unter die Decke hängt. Am besten so hoch, daß man mit der Nase nicht daranstößt. Beim Pflücken kann man Handschuhe tragen oder auch mit den blanken Händen arbeiten, wenn man etwas gegen sein Rheuma tun will, oder wenn man gegen Rheuma vorbeugen will.

Anti-Stechgetier-Mittel

Ein wirksames Mittel gegen Mücken und Schnaken erhält man, wenn man den beschriebenen Holunderblütenessig herstellt und ihn mit etwas Zitronellöl vermischt. Zitronellöl ist ein ätherisches Öl, das aus tropischen Pflanzen gewonnen wird. Man kann es auch zur Kerzenherstellung verwenden. Wenn man Kerzen gießt, gibt man etwas Öl (1 Teelöffel pro Kerze) in das noch flüssige Wachs und gießt dann die Kerze. Wenn man ein paar solcher Kerzen im Sommer ansteckt, hat man nicht so eine Last mit den Mücken.

200 ccm Holunderblütenessig
1 Teelöffel Zitronellöl

Man mischt das Zitronellöl gut mit dem Holunderblütenessig durch gründliches Schütteln, damit das Öl möglichst gut im Essig verteilt wird. Am einfachsten geht das, indem man den Holunderblütenessig im Mixer schlägt und das Öl tropfenweise hineinträufelt. Ist der Angriff der fliegenden Quälgeister besonders groß, kann man auch 2 Teelöffel nehmen. Das riecht dann aber recht stark. Bevor man ins Freie geht, sollte man sich damit einreiben.

Flohhalsband

Wer Hunde hat, der hat sicher schon Erfahrungen mit Hundeflöhen gesammelt. Auf dem Lande ist dieses Übel noch etwas stärker verbreitet als in der Stadt. Man kann eine vorbeugende Maßnahme treffen, indem man dem Hund ein Flohhalsband umlegt. Auch wenn der Hund schon befallen ist, entfaltet das Flohhalsband seine Wirkung.

3 Teelöffel Eukalyptusöl
3 Teelöffel Poleiminzenöl
50 ccm Olivenöl
50 g Bienenwachs
eine dicke Baumwollschnur von ca. 60 - 70 cm Länge

Das Olivenöl wird warm gemacht und das Eukalyptus- und das Poleiminzenöl dazugegeben. Die Baumwollschnur wird in das warme Ölgemisch gelegt. Währenddessen erwärmt man in einem anderen Topf das Bienenwachs so lange, bis

es flüssig ist. Die Schnur wird aus dem Öl geholt und durch das Bienenwachs gezogen. Nach dem Erkalten bildet sich ein Überzug aus Bienenwachs, der die Wirkungszeit des Flohhalsbandes verlängert.
Die Poleiminze (Menta pulegium) ist die Pflanze, aus der das Öl gewonnen wird. Ihr lateinischer Name pulegium kommt von lat. pulex = der Floh. Ein Hinweis darauf, daß man schon sehr lange die Wirkung der Pflanze als Flohmittel kennt.
Bei diesem Rezept gibt es eine Schwierigkeit. Poleiminzenöl ist in Deutschland sehr schwer erhältlich. Ich kenne es aus den USA, wo es unter dem Namen Pennyroyal erhältlich ist, und dort auch als ätherisches Öl offiziell anerkannt und sehr viel benutzt wird. Bis jetzt habe ich es in Deutschland noch nicht gefunden. Dieses Rezept ist sehr wirksam und, wie ich finde, eine wichtige Alternative zu den käuflichen Flohhalsbändern, deshalb habe ich es hier aufgenommen. Vielleicht gibt es jemanden, der/die weiß, wo es das Poleiminzenöl bei uns gibt. Ich würde mich freuen, wenn er/sie es mich wissen ließe.

Mottenmittel

Industriell gefertigte Mottenmittel enthalten bis auf wenige Ausnahmen Dichlorbenzol. Es zählt zu der Stoffklasse der chlorierten Kohlenwasserstoffe, deren Schädlichkeit auch für den menschlichen Körper mittlerweile feststeht. In der Natur werden diese Stoffe viel als Schädlingsbekämpfungsmittel eingesetzt und wir sind praktisch überall von ihnen umgeben. Deshalb sollte man sich diese Art von Chemikalien nicht noch freiwillig ins Haus holen. Dichlorbenzol ist schwerer als Luft und sinkt auf den Boden der Schränke, in denen ein Mottenmittel aufgehängt wurde, bei dem es als wirksame Substanz enthalten ist. Eine Truhe aus Zedernholz ist recht wirksam gegen Motten, aber nicht leicht zu beschaffen und außerdem teuer. Man kann die eigenen Schränke jedoch von Zeit zu Zeit mit etwas Zedernöl einreiben.

Holunderblätter

Frische Holunderblätter werden in Wasser aufgekocht. Man läßt die Flüssigkeit erkalten und hat ein Mücken abwehrendes Mittel, das man sich auf die Haut reibt.

Öl und Knoblauch gegen Läuse

Leider werden heutzutage wieder vermehrt Läuse beobachtet, die man schon fast für ausgerottet hielt. Bei Befall mit Läusen ist schnell ein chemisches Mittel zur Hand, mit dem scheinbar alle Probleme sofort gelöst werden können. Unsere Großeltern hatten diese Art von Chemie noch nicht zur Verfügung und mußten sich dementsprechend auf andere Weise gegen Läuse wehren.

100 ccm Olivenöl
3 - 4 Zehen Knoblauch

Der Knoblauch wird möglichst klein gepreßt und in das Olivenöl gegeben. Man kann das Mittel sofort verwenden. Besser ist es jedoch, den Knoblauch einige Tage im Öl stehen zu lassen. Man reibt das fertige Öl gut auf die befallenen Stellen und läßt es einwirken. Am besten in kurzen Abständen mehrmals hintereinander anwenden.

Ohrenschmerzen

Bei Ohrenschmerzen hilft eine Behandlung mit Knoblauch-Honig-Öl oder ein Umschlag aus Zwiebel, Kümmel und Knoblauch.

Ohrentropfen

1 mittlere Knoblauchzehe
2 Teelöffel Honig

Der Honig wird im Wasserbad erhitzt und die Zehe Knoblauch darin aufgelöst. Man preßt die Knoblauchzehe mit einer Knoblauchpresse oder schneidet sie klein und preßt sie zwischen zwei Brettchen. Wenn die Knoblauchmasse gut im Honig gelöst ist und der Honig nicht heiß, sondern nur noch warm ist (er sollte sowieso nicht über 40° C erhitzt werden, weil sonst die Wirkstoffe verloren gehen), träufelt man 1 - 2 Tropfen ins Ohr und verschließt anschließend das Ohr mit etwas Watte.

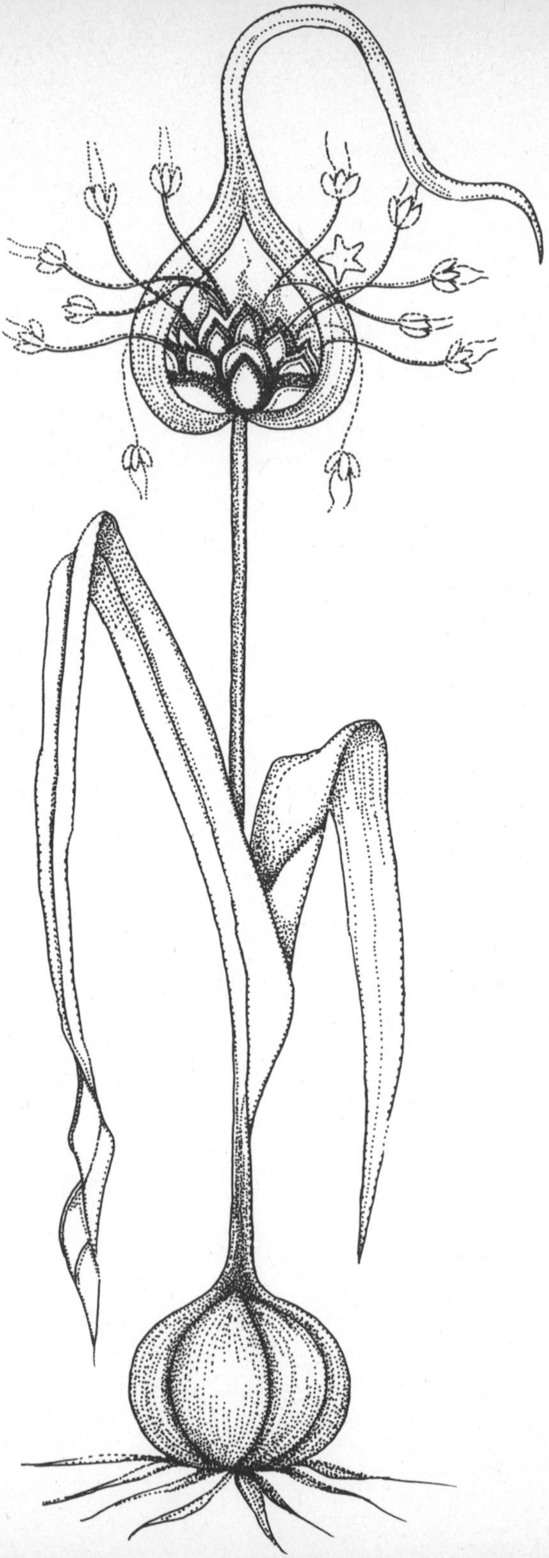

Knoblauch

Knoblauch war früher schon als Aphrodisiakum bekannt, und die Völker im Osten begründen ihr langes Leben damit, daß sie sehr mäßig Fleisch, aber regelmäßig Knoblauch essen.
„Wer an natürlichen und ehelichen Werken nichts schaffen kann, der esse Knoblauch. Er bekommt wieder Lust und Kraft daran". Freunde von mir, die dieses Rezept ausprobiert haben, sagen, daß es nur wirkt wenn der Partner gleichfalls von der Wirksamkeit des Knoblauchs überzeugt ist und sich gleichermaßen an der Kur beteiligt.

Ohrumschlag

1 Knoblauchzehe
1 Stückchen Zwiebel
50 ccm Wasser
1 Teelöffel Kümmel, ganz

Die Knoblauchzehe und die Zwiebel werden zerdrückt (s.o.) und der Kümmel, der möglichst noch ganz sein sollte in einer Kaffeemühle gemahlen. Alles zusammen wird im Wasser gelöst und leicht erwärmt. Nach 15 Minuten Ziehen wird das Wasser durch ein Teesieb gegossen. Es macht nichts, wenn noch ganz kleine Stückchen in der Flüssigkeit herumschwimmen. Ein Leinenläppchen (oder Baumwoll-läppchen) wird im Wasser getränkt und auf das schmerzende Ohr aufgelegt.

Sauerkraut gegen Kopfschmerzen

Bei Kopfschmerzen (wie sie sich z. B. oft als Begleiterscheinung eines Schnupfens einstellen) esse man morgens nüchtern etwas Sauerkraut.

Gedächtnis-Beleber

Alte Kräutermythen berichten von den gedächtnisstützenden Wirkungen von Rosmarin in Verbindung mit Salbei. Selbst längst vergessene Dinge schieben sich wieder in das

Bewußtsein und es tritt eine Klärung des Geistes ein, wenn man diesen Tee über einen längeren Zeitraum hinweg regelmäßig trinkt.

1 Teelöffel Rosmarin
1 Teelöffel Salbei
250 ccm Wasser

Die Kräuter mit dem kochenden Wasser überbrühen und nach 6 Minuten die Kräuter aus dem Wasser nehmen und den Tee ungesüßt schluckweise trinken. Mit jedem Schluck, mit dem die Tasse leerer wird, wird der Geist stärker und voller.

Kopfweh-Tee mit Ingwer

Gegen Kopfweh hilft folgender Tee:

1 Teelöffel getrocknetes Rosmarin
1 Teelöffel gemahlener Ingwer
1 Teelöffel Honig
250 ccm Wasser

Der Ingwer wird im Wasser gelöst und kurz aufgekocht (2 - 3 Minuten). Danach wird das Rosmarin mit dem Wasser übergossen. Ist der Tee schon gut abgekühlt, gibt man den Honig dazu.

Ingwer

Süß, scharf und exotisch wurde Ingwer schon von Königinnen und Kaisern geschätzt und gut bezahlt. Er brachte einen Hauch von ferner Wärme und Behaglichkeit in die kalten Burgen und Schlösser.
Ingwer regt die Blutzirkulation an und bringt kalten Fingern und Fußzehen Wärme. Um wach zu werden, kann man anstatt Kaffee morgens auch einen Ingwertee aus frischem Ingwer zubereiten. Man kocht pro Tasse ein etwa 1 X 1 cm großes Stückchen frischen Ingwer auf und läßt ihn ca. 5 Minuten ziehen. Ingwer regt außerdem die Produktion des Magensaftes an und wirkt auf diese Weise appetitanregend.

Walnüsse gegen überschüssige Galle

Hat man überschüssige Galle, also erhöhte Gallenproduktion, dann kaue man an drei Morgen hintereinander jeweils 7 Walnußkerne sehr sorgfältig und schlucke sie hinunter. Dies soll nüchtern vor dem Frühstück geschehen. So wird die überschüssige Galle vertrieben.

Nagelbettentzündung

Dieses Rezept gegen Nagelbettentzündung sollte man nur anwenden, wenn man keine offenen Wunden an den Fingern hat. Also nur, wenn die Haut um die Nagelwurzel herum gerötet bzw. entzündet ist. Hat man am zu behandelnden Finger Schnittwunden oder offene Stellen, dann wäre diese Kur sehr unangenehm.

1 Naturreine Zitrone
1 Teelöffel Stein- oder Meersalz

Die ganze Zitrone wird im Ofen erwärmt und dann oben abgeschnitten. Mit dem Stiel eines Holzlöffels sticht man in die Mitte der Zitrone hinein. In das Loch streut man das Salz und steckt den Finger hinein. Der Finger sollte so lang wie möglich in der Zitrone bleiben. Man kann diese Anwendung wiederholen. Eine einmal benutzte Zitrone sollte man wegwerfen.

Warzenmittel

Wer an Warzen leidet, kann sich mit folgendem Rezept, das nicht ganz einfach ist, von seinen Warzen befreien: nach einer Vollmondnacht steht man morgens um 6 Uhr auf und betupft mit der Zunge die Warze, daß sie gut mit Speichel bedeckt ist. Das gleiche macht man noch drei mal auf die nächsten Tage verteilt und zwar jeweils einen um den anderen Tag. Das hält keine Warze auf die Dauer aus. Es frohlocken nur jene Exemplare, die auf einer mit der Zunge unerreichbaren Stelle sitzen, da man mit dieser Methode nur die eigenen Warzen heilen kann. Zum Glück gibt es noch andere Arten von Warzenmitteln.

Warzen oder Hühneraugen am Fuß

Hat man Warzen oder Hühneraugen am Fuß, dann ist es möglich, erst einmal selbst ein altes Hausmittel anzuwenden, bevor man zum Arzt geht. Die Schälpflaster, die man in der Apotheke kaufen kann, arbeiten mit Säure, die die Oberhaut aufweicht, so daß man die Warze oder das Hühnerauge entfernen kann. Den gleichen Effekt kann man mit einem Stück Zitrone erzielen. Je nach Größe der Warze oder des Hühnerauges schneidet man sich ein Stück Zitrone ab und legt es auf die zu behandelnde Stelle. Dann legt man ein Stückchen Plastikfolie darüber und klebt das ganze mit Heftpflaster fest. Ist das Laufen mit dem Pflaster beschwerlich, kann man es auch nur nachts auf die Stelle kleben. Dann gilt das gleiche, wie für die Benutzung am Tag, alle 12 Stunden das Stück Zitrone wechseln. Nimmt man die Zitrone nur nachts zum Aufweichen, so braucht man etwas Geduld. So ungefähr eine Woche, dann sollte die Warze so aufgeweicht sein, daß man sie abnehmen kann. Die Haut ist dann ganz weiß und abgestorben.

Zypressenwolfsmilch gegen Warzen

Die Zypressenwolfsmilch gehört zur Familie der Wolfsmilchgewächse. Sie führt in der ganzen Pflanze einen weißen Milchsaft, der die Fähigkeit hat, Warzen zum Verschwinden zu bringen. Man tupft etwas von dem Saft, der aus dem Stengel einer abgerissenen Pflanze läuft, auf die Warze. Dabei muß man vorsichtig sein, da dieser Saft die Haut reizt und nicht in Nase oder Augen gelangen sollte. Nur auf die Warze! Da die Stengel recht dünn sind, ist das eigentlich nicht so schwierig. Man kann diese Behandlung in Abständen von 15 Minuten wiederholen. Am besten an einem Sommertag draußen auf der Wiese. (Warzen: siehe auch Vorwort)

Augenspülung für Babies und Erwachsene

Diese Augenspülung ist hauptsächlich für Kleininder gedacht, sie kann jedoch auch von Erwachsenen angewendet werden.

2 Teelöffel Rosmarin
2 Teelöffel Salbei
250 ccm destilliertes Wasser

Das Wasser erhitzen und über die Kräuter gießen. 10 Minuten ziehen lassen und dann die Kräuter absieben. Die Augenspülung sollte noch lauwarm sein, wenn man sie anwendet.
Kleinkinder bekommen oft eine Entzündung des Augenkanals in den ersten Wochen. Man reibt etwas von der Spülung in den Augenwinkel.
Erwachsene können diese Spülung bei tränenden Augen oder bei vom Lesen müde gewordenen Augen anwenden. Am besten benutzt man dazu eine Augenwanne.

Haferflockenumschlag

Hat man sich eine Wunde zugefügt, die sich entzündet und rot wird, oder sogar anschwillt, dann hilft ein Haferflockenumschlag ziemlich schnell. Außerdem kann man alle Arten von Verletzungen damit behandeln. Der Umschlag wirkt auch vorbeugend gegen Blutvergiftung und Ausbreitung von Infektionen.
Man kocht einen Haferbrei mit möglichst wenig Wasser, damit der Brei richtig dick wird. Dazu nimmt man Haferflocken oder was noch besser ist, frisch gemahlenes Hafermehl, das mit etwas Wasser vermischt wird. Nach dem Aufkochen den Brei abkühlen lassen, bis man mit den Fingern hineinfassen kann. Dann wird er auf ein altes Handtuch oder ein Stück Tuch gestrichen, das zusammengefaltet auf die zu behandelnde Stelle aufgelegt wird. Der Umschlag bleibt so lange auf der Stelle liegen, bis er kalt ist.
Bei uns im Dorf habe ich erfahren, daß man früher für Umschläge auch frischen Kuhdung genommen hat. Die Wirkung soll noch besser als die des Haferflockenumschlages sein. Zugegeben, ich habe es selbst noch nicht ausprobiert.

Rauchen abgewöhnen mit Süßholzwurzel

Eine kleine Hilfe für Menschen, die sich das Rauchen abgewöhnen wollen, ist der Trick mit der Süßholzwurzel. Um das Gefühl zu überwinden, daß man nun plötzlich nichts mehr in der Hand hat, nimmt man ein ca. 15 cm langes Stück Süßholzwurzel (die es in Naturkostläden und Reformhäusern gibt) und schält sie etwas. Das geschälte Ende wird in den Mund gesteckt und kann gekaut werden. Der Geschmack ist süß-herb und lakritzartig. (Lakritz wird aus dem eingedickten Saft der Süßholzwurzel gewonnen.) Man schält die Wurzel deshalb, weil in der Rinde unangenehm schmeckende Bitterstoffe sind. Nach einer Weile Kauen fasert die Wurzel auf und wenn man spürt, daß sich Teile von der Wurzel lösen und angenehm im Mund herumschwimmen, dann nimmt man ein Messer und schneidet den abgekauten Teil ab (so ca. 2 - 3 cm). So kann man recht lange an einem Stück Wurzel kauen. Anstelle des Feuerzeugs trägt man fortan ein kleines Taschenmesser mit sich herum. Außerdem hilft der heruntergeschluckte Saft der Süßholzwurzel dem Magen. Oft sind die Magenschleimhäute von Rauchern/innen geschädigt, da man doch immer etwas Rauch mit dem Speichel herunterschluckt. Lakritzwurzel kann auch von Nichtrauchern/innen als Magenmittel angewandt werden. Bei Magenbeschwerden trinkt man eine Tasse Süßholzwurzeltee (1 Teelöffel pro Tasse Wasser 5 Minuten lang kochen lassen) oder kaut ein Stück Wurzel.

Schwedenkräuter gegen Wurzelentzündung

Normalerweise besteht die Gefahr, daß der Zahnarzt den Zahn zieht, wenn die Wurzel entzündet ist. Man sollte hier versuchen, den Zahn zu retten. Sehr wirkungsvoll helfen dabei Schwedenkräuter, die man auf einen kleinen Wattebausch träufelt. Diesen Wattebausch legt man längere Zeit für ein paar Tage auf die entzündete Stelle im Mund bis die Entzündung weg ist. Es reicht schon aus, wenn man den Wattebausch eine halbe Stunde mehrmals am Tag (Zwischen den Mahlzeiten) benutzt. (Immer wieder erneuern.)

Nelken gegen Zahnweh

Wenn das Zahnweh plagt und der Zahnarzt erst am nächsten Tag Zeit hat, dann kann man sich mit Nelkenöl oder ganzen Nelken über die Runden helfen. Man nimmt etwas Nelkenöl auf ein mit Watte umwickeltes Streichholz und tupft es auf den Zahn, der schmerzt. Hat man kein Nelkenöl zur Hand, tut es auch eine ganze Nelke, die man kaut, bis sie ganz weich ist. Beim Zahnarzt riecht es auch oft nach Nelkenöl, da einige der pharmazeutischen Zahnbehandlungsmittel ebenfalls Nelkenöl enthalten.

Holunderblütengurgelwasser

Wenn es einen im Herbst erwischt und man spürt das erste Kratzen im Hals, sollte man auf dieses Wässerchen zurückgreifen können, das man zu Anfang des Sommers (im Juni, wenn der Holunder blüht) selbst herstellen kann. An Stelle der frischen Blüten kann man auch getrocknete Blüten und Blätter nehmen, dann braucht man nur ungefähr ein Drittel. Frische Blätter und Blüten sind intensiver im Duft und ihre Wirkstoffe noch aktiver.

5 große Dolden frische Holunderblüten
10 g frischen Salbei
200 ccm Wasser
1 gestr. Teelöffel Honig
1/2 Teelöffel Mandelöl
1 - 2 Tropfen Nelkenöl

Das Wasser wird zum Kochen gebracht und die Holunderblüten und die Salbeiblätter werden damit übergossen. Nach 1 Minute siebt man die Kräuter ab und gibt den Honig dazu. Die Flüssigkeit wird noch einmal kurz zum Sieden gebracht, und nachdem man das Nelken- und Mandelöl dazugegeben hat, sofort in heiß ausgespülte Flaschen abgefüllt und verschlossen. Das Nelkenöl ist ein ätherisches Öl und sehr intensiv. Um 1 - 2 (besser nur einen) Tropfen abzumessen, nimmt man ein Streichholz, tunkt es ins Nelkenöl und streift den daran hängengebliebenen Tropfen dann ab. Nimmt man zuviel des Nelkenöls, ist das Gurgelwasser nicht mehr brauchbar. Nach kurzem Stehen setzt sich das Öl an der Oberfläche ab. Vor Gebrauch muß man deshalb kurz aufschütteln.

Kräuterkissen

Ein Kräuterkissen ist ein kleines Säckchen, das mit Kräutern gefüllt wird, und das man unter das Kopfkissen legt. Es ist meistens ca. 25 x 35 cm groß und recht einfach zu nähen.

Hopfenkissen

Man näht sich also so ein kleines Säckchen und füllt es mit 300 g Hopfenblüten. Die Hopfenblüten kann man im September selbst sammeln und trocknen. Man kann sie jedoch auch schon fertig getrocknet in einem Naturkostladen oder einer Apotheke kaufen. Da das Kissen mit 300 g Hopfenblüten noch nicht voll wird, füllt man den Rest mit Heu auf. Am besten ist es, ganz feines Waldwiesengras zu sammeln, zu trocknen und dann in das Kissen hineinzustopfen. Man kann aber auch bei einem Bauern sich eine Tüte voll Heu geben lassen. Nur sollte es nicht zu grob sein und zuviele harte Stengel enthalten. Legt man das Hopfenkissen abends unter das Kopfkissen, dann umfängt einen beim Einschlafen der sanft-herbe Geruch des Hopfens. Er hilft den vom Tage angespannten Nerven zur Ruhe und fördert so das Einschlafen.

Rosmarin-Kissen

150 g Rosmarin
20 g Thymian
50 g Lavendel
20 g Salbei

Die Kräuter werden mit Heu gemischt und das Kissen damit gestopft. Diese Mischung riecht intensiv. Wem sie zu stark ist, der nehme lieber etwas weniger Kräuter und dafür ein bißchen mehr Heu.

Lavendel-Rosmarin-Säckchen

Man näht sich kleine Säckchen von der Größe 10 x 10 cm, die man mit Lavendelblüten füllt. Außerdem gibt man noch einige Tropfen Rosmarinöl auf das Säckchen und legt es dann in den Schrank. Man kann ruhig mehrere dieser Säckchen in den Schrank legen, es verbreitet sich dann in allen Kleidungsstücken ein angenehmer Hauch von Lavendel.

Sumpfsteinklee

Bevor man die bei uns nicht heimischen Pflanzen Lavendel und Rosmarin billig kaufen konnte, haben die Leute den Steinklee als Mottenschutzmittel benutzt. Der Sumpfsteinklee wirkt übrigens auch. Er wächst recht weit verbreitet mit seinen goldgelben Blüten. Man füllt die oben beschriebenen Säckchen mit dem getrockneten Kraut.

Heublumensäckchen

Als Heublumen bezeichnet man die Samen von Gräsern. Man findet sie beim Heumachen auf dem Boden der Heuwagen. Kennt man einen Bauer oder hat man bei der Heuernte mitgeholfen, dann kann man sich leicht größere Mengen von Heublumen besorgen. Dies hat den Vorteil, daß man erfahren kann, ob die Wiesen, von denen das Heu stammt, chemisch gedüngt wurden oder sie nur mit Mist bestreut wurden. Letzeres ist natürlich vorzuziehen. Hat man nicht die Möglichkeit, Heublumen zu beschaffen, muß man sie in einer Apotheke kaufen oder sie bestellen (s. Anhang). Die Heublumen sind sehr heilkräftig und können bei allerlei Beschwerden angewandt werden. Man kann darin ein Vollbad nehmen, welches gegen Rheumatismus, gichtige Beschwerden, Nervenschmerzen und Nervenentzündungen wirkt.
Mit dem Heublumensäckchen kann man durch Auflagen auf die betreffende Stelle folgende Leiden zum Abklingen bringen: Blähungen (das Säckchen wird auf den Darmbereich gelegt), Hexenschuß, Krämpfe des Magens, Unterleibsschmerzen. Man näht sich Säckchen von der Größe 15 x 30 cm. Ist man einmal am Nähen, sollte man sich gleich mehrere Säckchen nähen, da man sie auch noch für andere Rezepte verwenden kann (s. a. Hopfen- und Rosmarinkissen, Farnkrautkissen). Das fertige Säckchen wird voll mit Heublumen gefüllt. Bei Bedarf nimmt man es und macht es im Dampf heiß. Dazu füllt man einen Topf mit etwas Wasser (2 - 3 cm) und setzt ihn aufs Feuer. Ins Wasser stellt man eine Tasse o. ä. und legt das Heublumensäckchen so darauf, daß es nicht naß wird. Der Topf wird

mit einem Deckel bedeckt, damit es schneller zum Kochen des Wassers kommt. Nachdem das Wasser angefangen hat zu kochen, läßt man es noch 5 Minuten weiterkochen, bis das Heublumensäckchen ganz heiß ist. Dann nimmt man das Säckchen heraus und läßt es ein bißchen abkühlen, um es dann auf die betreffende Stelle (Bauchbereich, Unterleib usw.) zu legen. Es bleibt 15 - 20 Minuten auf dem Körper liegen. Warm zudecken.
So ein Heublumensack kann bis zu 5 mal verwendet werden.

Farnkissen gegen Ischias und Hexenschuß

Ischias und Hexenschuß können durch ein Farnkissen gelindert werden. Es macht zwar Mühe, den ganzen Farn zu sammeln, den man für ein Kissen braucht, aber es ist eine Wohltat, auf einem Farnkissen zu ruhen.
Man sammelt im Wald so viel Farn, daß man damit ein kleines Kopfkissen flach stopfen kann. Im Wald sollte man nur an Stellen, an denen viel Farn wächst, größere Mengen sammeln. Man reißt die Pflanzen nicht heraus, sondern streift die kleinen Blättchen, die beidseits des Stengels stehen, ab. Die Stengel wären so wie so zu hart, um darauf zu liegen. Man braucht für ein Kopfkissen schon einen kleinen Sack voll Farnblätter. Die Blätter werden ein paar Stunden ausgebreitet, damit sie abtrocknen, falls etwas Feuchtigkeit an ihnen haftet. Mit den Farnblättern stopft man das Kopfkissen und legt es sich während des Schlafes unter die vom Schmerz befallene Körperstelle. Schon nach einer Nacht sollte man eine deutliche Linderung verspüren.

Dampfbäder

Dampfbäder können verschiedene Wirkungen haben. Sie reinigen das Gesicht, öffnen die Poren der Haut oder lösen den Schleim in der Nase bei entsprechenden Kräuterzusätzen. Je nach Zusammenstellung der Kräuter oder ätherischen Öle kann man sich Dampfbäder für verschiedene Zwecke selbst zusammenmischen.

1.) für fette Haut

20 g Kamille
20 g Salbei
20 g Thymian
20 g Rosmarin

Pro Dampfbad braucht man 3 Eßlöffel der obigen Kräutermischung.

2.) gegen Erkältung

10 g Kamille
10 g Lindenblüten
15 Tropfen Eukalyptusöl

Diese Mengenangaben entsprechen einem Dampfbad.

3.) bei Kopfweh und verstopfter Nase

20 g Heublumen
15 Tropfen Melissenöl

So wird das Dampfbad zubereitet:
Man erhitzt ca. 1/2 - 3/4 l Wasser in einem Topf bis es kocht. Dann stellt man den Topf an die Stelle, wo man später das Dampfbad nehmen will. Die Kräuter werden ins kochende Wasser gegeben und man hält sofort den Kopf darüber. Das bereitliegende Handtuch wird über den Kopf und den Topf gebreitet und sollte möglichst eng anliegen, damit so wenig Dampf wie möglich entweicht. Am Anfang ist es sehr heiß und es brennt etwas. Das Dampfbad ist zu Ende, wenn das Wasser so weit abgekühlt ist, daß man auch ganz dicht am Topf keine Hitze mehr im Gesicht spürt. Danach kann man die Haut mit einer Creme behandeln.
Nach einem Dampfbad sollte man sich mindestens noch 1 Stunde in warmen Räumen aufhalten.

Fichtenspitzenhonig

Fichtenspitzenhonig wurde früher eigentlich mit Zucker zubereitet. Er wurde deshalb „Honig" genannt, weil durch das lange Kochen des Zuckers ein Sirup entsteht, der eine sehr ähnliche Konsistenz wie Honig hat. Da man durch die Verwendung der Fichtenspitzen ein wertvolles Heilmittel schafft, das viele Mineralien und Vitamine enthält, sollte man lieber Honig zum Einlegen verwenden. Durch die kalk- und vitaminraubenden Eigenschaften des Zuckers verschwendet man praktisch einen Teil der Heilstoffe des fertigen Fichtenspitzenhonigs.

500 g guten Honig
1 gute handvoll Fichtenspitzen

Im Juni oder Juli werden die jungen Fichtenspitzen gesammelt (dabei nehme man von jedem Baum nur ein paar) und dann in Honig eingelegt. Die jungen Fichtenspitzen müssen ganz trocken sein und sollten auch nicht gewaschen werden. Hat man einen festen Honig, so erwärmt man ihn vorher im Wasserbad und gießt ihn wenn er flüssig geworden ist über die Fichtenspitzen. Man muß sehr sauber arbeiten, damit der Honig nicht anfängt zu gären. Deshalb sollte man alle zu benutzenden Geräte vorher mit kochendem Wasser auswaschen oder mit hochprozentigem Alkohol ausspülen.
Haben die Fichtenspitzen 3 - 4 Wochen im Honig gelegen, wird der Honig abfiltriert und gut verschlossen kühl aufbewahrt. Man kann ihn wie normalen Honig verwenden. Eine kleine Reserve für den Winter sollte man sich anlegen, da er ein gutes Heilmittel gegen Husten ist. Wacht man nachts auf und wird von Husten geplagt, dann nehme man zuerst einen dicken Teelöffel voll Honig, schlucke ihn herunter und trinke 5 Minuten später ein Glas warme Milch. Die Milch sollte nur erwärmt, aber nicht aufgekocht werden. Gut gekühlt hält sich der Fichtenspitzenhonig einige Monate.

Verstopfung bei Kindern

30 g frischer Ingwer
250 ccm klarer Schnaps (oder 40 %iges Äthanol)
1 Tropfen Pfefferminzöl

Das Stückchen Ingwerwurzel wird in kleine Scheibchen geschnitten und in eine klare Flasche gegeben. Es wird mit dem Alkohol übergossen und bleibt acht Tage ruhig stehen. Danach wird der Alkohol abfiltriert und es wird noch ein Tropfen Pfefferminzöl dazugegeben.
Bei Verstopfung bei Kindern gibt man von dieser Tinktur 1/2 Teelöffel auf 1/2 Tasse Tee oder Wasser. Erwachsene können das Mittel auch benutzen, in dem sie pro Tasse oder Wasser 1 Eßlöffel der Tinktur verwenden.
Ein mit Schale geriebener Apfel (am besten auf einer Glasreibe) wirkt auch abführend.
Umgekehrt hilft bei Durchfall auch ein geriebener Apfel, der vorher geschält werden muß.

Liebstöckel

Liebstöckel, das auch Maggikraut genannt wird, da sein Geruch und Geschmack an Maggi erinnern, ist ein in der Vergangenheit oft benutztes Kraut gewesen. Es trägt auch den Namen Badkraut, da Mütter ihre Kinder früher darin gebadet haben, damit diese im weiteren Leben bei dem/der Angebeteten Erfolg haben sollten.

Gegen Rückenschmerzen

Bindet man sich einen großen Stengel Liebstöckel am Himmelfahrtstag auf den Rücken, so bleibt man das ganze Jahr vor Rückenschmerzen verschont.

Gegen Husten

Durch den hohlen Stengel des Liebstöckels trinke man leicht erwärmte Milch, das hilft gar fein gegen Husten und Halsleiden. Bulgarische Mädchen trinken am Georgitag Wein und Wasser zur „Gesundheit" durch Liebstöckelstengel.

Dörrzwetschgen

Meist sagt man „Dörrpflaumen", es handelt sich jedoch fast immer um Zwetschgen, die man getrocknet kaufen kann. Zu Hause nimmt man auch fast ausschließlich schon reife weiche Zwetschgen und trocknet sie im Backofen, um Dörrzwetschgen herzustellen.
So dörrt man Zwetschgen selbst: Man wäscht die Zwetschgen ganz vorsichtig und trocknet sie leicht ab. Dann werden sie im Backofen auf Blechen verteilt und der Backofen wird auf die kleinstmögliche Stufe eingestellt. Die Temperatur sollte so zwischen 50 - 60° C betragen. Durch die Wärme wird den Pflaumen ein großer Teil des Wassers entzogen, das als Wasserdampf in der warmen Luft enthalten ist. Um einen gleichmäßigen Luftaustausch zu gewährleisten muß die Backofentür ca. 1/3 geöffnet bleiben. Nach etwa 4 - 8 Stunden sind die Zwetschgen fertig gedörrt und können in einem Säckchen für den Winter oder auch bis zum nächsten Herbst aufbewahrt werden. Da sie noch einen Teil Restfeuchte haben, sollten sie nicht in einem geschlossenen Behälter aufbewahrt werden. Wenn sie richtig trockengedörrt sind, spielt es eigentlich keine Rolle. Dörrt man die Zwetschgen jedoch nur so viel, daß sie nicht ganz hart werden, dann sollte man auf Nummer sicher gehen und sie nicht ganz luftdicht verschließen, um einer eventuellen Schimmelbildung vorzubeugen.

Dörrzwetschgen-Kur

Getrocknete Dörrzwetschgen sind ein mildes Abführmittel und regen den Apetit an. Gerade letztere Eigenschaft ist zu betonen, da durch den Genuß von gekochten Dörrzwetschgen Widerwillen zum Essen behoben werden kann. Für eine gute Verdauung weicht man abends 8 - 10 gedörrte Zwetschgen in einem Glas Wasser (300 - 400 ccm) ein und trinkt am nächsten Morgen die Zwetschgen samt dem Wasser vor dem Frühstück. Man kann zum leichteren Trinken die Flüssigkeit vorher in einen Mixer geben und kurz pürieren. Dazu müssen die Zwetschgen vorher entsteint werden. Diese Kur sollte nicht zu lange (maximal 4 Tage) und nicht zu oft durchgeführt werden, weil die Dörrzwetschgen eine bestimmte Substanz enthalten, die auf die Dauer schädliche Nebenwirkungen hervorrufen würden. Der Stoff in den Zwetschgen, der schädlich sein soll ist Oxyphenolisatin.

Kräuter-Ghee

Um für den Winter Kräuter zu bewahren, kann man sie trocknen, in Essig einlegen (siehe Register) oder Kräuter-Ghee herstellen. Kräuter-Ghee bleibt einige Monate haltbar, ohne ranzig zu werden. Man stellt zuerst das Butterfett (Ghee) nach dem Grundrezept her und gibt dann, während es noch warm ist, die Kräuter hinein. Nach dem Erkalten sollte das Butterfett im Kühlschrank aufbewahrt werden.

1,5 kg Butter (oder weniger)
frische Kräuter: z.B. Salbei, Schnittlauch, Petersilie,
   Liebstöckel, Estragon, Borretsch, Kerbel
3 - 4 (oder mehr) Zehen Knoblauch

Die Butter wird erhitzt und gesäubert, so daß man ein klares Butterfett erhält. In der Zwischenzeit schneidet man die Kräuter ganz fein (z. B. mit einem Wiegemesser). Der feingepreßte Knoblauch kommt mit den Kräutern in das noch flüssige Fett. Umrühren und erkalten lassen. Dieses Fett eignet sich als Wintervorratsbutter zu Kartoffeln, Gemüse usw..

Krenkette gegen Fieber

Der Kren oder auch Meerrettich ist gut geeignet, ein Fieber zu vertreiben. Meerettich wächst auch wild weit verbreitet, und man findet ihn mit seinen großen Blättern auf Wiesen und an Waldrändern. Er sollte in den Monaten mit „r" geerntet werden (September bis Februar) und in Sand eingeschlagen im Keller eingelagert werden, damit man ihn die ganze übrige Zeit zur Hand hat.
Hat sich ein Fieber eingestellt, so sucht man eine Meerrettichpflanze und gräbt die Wurzel aus oder geht in den Keller und holt eine Wurzel aus dem Sand. Die Wurzel wird gewaschen und in ca. 1 cm dicke Scheibchen geschnitten, die mit Nadel und Faden zu einer Kette aufgefädelt werden. Der/die Kranke hängt sich die Kette um, und wenn der Meerrettich trocken geworden ist, ist auch das Fieber vorbei.

Auf Ewig Treu

1 große Dolde Holunderblüten
1 Teelöffel Honig
1 Teelöffel Rosenwasser
125 ccm Wasser

Die Holunderblüten werden 8 - 10 Stunden im Wasser eingeweicht (aber nur die Blüten, die Stengel vorher entfernen) und danach aus der Flüssigkeit herausgenommen. Am besten durch ein Sieb laufen lassen. Dieses Holunderblütenwasser wird leicht erwärmt, damit sich der Honig gut darin löst, den man zusammen mit dem Rosenwasser zugibt. Ist die Flüssigkeit abgekühlt, kann man sie trinken.
„Wenn zwei Menschen, die sich mögen, diesen Trank jeweils zur Hälfte aus einem Becher trinken, werden sie sich ewig treu bleiben." (ich hoffe es)

Milch für Liebende

Dieses Getränk soll nicht die Lust zum Lieben anregen, sondern wirkt entspannend danach und ist auch vor dem Einschlafen ein Genuß

300 ccm Milch
5 Mandeln
5 Cashewkerne
10 Pistazien
1 Eßlöffel Honig
eine Prise Zimt, Safran, Muskatnuß

Die Milch wird mit den schon etwas zerkleinerten Nüssen und den restlichen Zutaten in einem Mixer so lange gemixt, bis die Nüsse zerkleinert sind. Dann wird das Getränk noch ganz leicht erwärmt und getrunken. Es ist gut für Mann und Frau gleichermaßen. Am besten schmeckt es, wenn man es sich teilt.

Das Zaubermittel der Isis — Sesam und Honig

Im alten Ägypten kannten die Frauen ein Aphrodisiakum, das auch heute noch seine Wirkung zeigt. Sie mischten gerösteten Sesamsamen und Honig. Sesamsamen war in der östlichen Märchenwelt ein hoch geheiligtes Nahrungsmittel. (Der Zauberspruch „Sesam öffne Dich" erinnert noch daran). In den Hängenden Gärten von Babylon war Sesam eine der wichtigsten Pflanzen. Sesam eignet sich zum Herstellen von Gebäck, Kuchen und anderen Süßigkeiten (s.a. Naturkostschleckereien). Früher wurde davon auch Wein und Schnaps gemacht. Das Sesamöl ist wertvoll und relativ teuer. Es findet auch heute noch in der Kosmetik Verwendung. Sesam enthält neben hochwertigem Protein Kalium- und Magnesiumsalze der Asparaginsäure, die positiv auf das Funktionieren der Geschlechtsdrüsen einwirken. Außerdem enthält Sesam das Vitamin E (das auch für die Fruchtbarkeit verantwortlich ist) und Lezithin. Mischt man

1 Teil gerösteten, gemahlenen Sesamsamen
1 Teil guten Honig

dann hat man ein Sexualtonikum, das an Natürlichkeit nicht zu überbieten ist. Die Erfahrung hat gezeigt, daß es bei Männern nicht so stark wirkt, sondern eher einen dämpfenden Effekt ausübt. Die Wirkung ist jedoch sehr subtil und man braucht sich der Wirkung wegen nicht vom Genuß dieser köstlichen Süßigkeiten abhalten zu lassen. Um dieses Mittel nicht nur als „Mittel" zu betrachten, kann man folgendes „Rezept" benutzen:

Sesamkonfekt:

200 g Sesamsamen
1 Messerspitze Bourbonvanille
1 Messerspitze Nelken, gemahlen
1 Messerspitze Zimt, gemahlen
20 g Rosinen/Sultaninen
20 g Datteln
Honig

Die Sesamsamen werden in einer Pfanne ohne Fett ganz leicht geröstet und dann mit einer Mohnmühle zerquetscht, so daß man eine cremige Masse bekommt. Hat man eine elektrische Kaffeemühle, so kann man den Sesam damit auch zerkleinern, bis die Messer anfangen langsamer zu laufen. Die Gewürze werden hinzugefügt und soviel Honig zugegeben, bis die Masse wie ein Teig formbar wird. Die kleingeschnittenen Datteln und Rosinen werden unter die Masse gemischt und man formt kleine Bällchen, die im Kühlschrank aufbewahrt werden.

Scheidenspülung

Eine der häufigsten und lästigsten krankhaften Veränderungen der Scheide ist Jucken, hervorgerufen durch Hefeeinfektion oder Vaginitis. Das Jucken geht meist mit Ausfluß einher, der, wenn er gelb-grün ist und stark riecht, auch ein Zeichen für Trichonomaden sein kann. Außerdem zeigen sich dann auf den Schamlippen kleine weiße Flecke. Eine genaue Diagnose kann ein Arzt stellen. Es gibt bei den Ärzten meist nur eine Möglichkeit, dieses Symptom zu bekämpfen, nämlich die Verschreibung eines allopathischen Mittels. Bevor sich aber eine Frau (und das gilt auch für den Partner) einer solchen Gewaltkur unterzieht, sollte man folgende Mittel probieren.

Spülung 1

120 g Ulmenrinde
30 g Berberitzenrinde
30 g Salbei
30 g Immergrün

Spülung 2

50 g Löwenzahnwurzel (oder noch besser wäre Goldsiegelwurzel)
50 g Beinwellwurzel
50 g Hamamelis
50 g Spitzwegerich
50 g Kamille
50 g Sarsaparilla

Um die Spülungen herzustellen, braucht man ca. 1 l. Wasser. Von der Spülung Nr. 1 nimmt man die Hälfte und von der Spülung Nr. 2 100 g. Das Wasser wird aufgekocht und vom Feuer genommen. Man gibt die Kräuter dazu und wartet so lange, bis die Flüssigkeit handwarm ist, und man gut mit den Händen hineingreifen kann. Die Kräuter werden sehr gut (am besten durch ein Stück Stoff) abgesiebt und mit dem Absud macht man eine Spülung. Das geht am besten, wenn man sich in die Badewanne legt und mit einem Einlaufgerät soviel Flüssigkeit in die Scheide laufen läßt, wie man aushalten kann. Man behält sie einige Minuten darin und wiederholt dann das Ganze noch einmal, bis der Absud verbraucht ist. Läßt man die Spülung länger in der Scheide, hat das den Vorteil, daß sie auch in versteckte Falten vordringen und dort sitzende Bakterien aufstöbern kann.

Wacholder-Scheidenspülung

Bei Jucken in der Scheide kann es sich um verschiedene Krankheiten handeln. Im Kapitel Scheidenspülung wurde dazu schon etwas gesagt. Um das Jucken zu beseitigen, gibt es noch folgendes Rezept:

6 Eßlöffel Wacholderbeeren
750 ccm Wasser

Die frischen Wacholderbeeren werden mit der Hand etwas zerdrückt. Das Wasser wird zum Kochen gebracht und die Wacholderbeeren damit übergossen. Nach 5 - 10 minütigem Ziehen siebt man die Beeren ab und macht eine Scheidenspülung.

Für den Mann gibt es auch eine Rezeptur:

1 Teil Goldsiegelwurzel
1 Teil Myrrhe
1 Teil Sonnenhutwurzel

Die Kräuter müssen sehr gut pulverisiert werden. Wenn man sie in der Apotheke kauft, kann man sie sich schon gleich pulverisieren lassen. Aus dem Pulver aller drei Kräuter formt man sich mit Honig kleine Bällchen, die so groß wie eine Erbse sein sollten. Die läßt man dann etwas trocknen und nimmt jeden Tag drei Stück. Morgens, mittags und abends.
Die Anwendung der Rezepte sollte möglichst zu gleicher Zeit erfolgen. Man wendet sie eine Woche lang an und prüft dann, ob sich eine Besserung eingestellt hat. Während dieser Zeit sollte man keinen sexuellen Kontakt mit dem Partner haben, um Rückinfektionen zu vermeiden.

Seeschwämme als Tampons

Noch nie zuvor hat es so viele Produkte für die moderne Monatshygiene der Frau gegeben wie heute. Man findet Minibinden, Duftbinden, Tampons mit Einführhilfe usw. Als Frau ist man recht hilflos, will man sich bei dem verwirrenden Angebot zurechtfinden.
Vor allem aber ist der allgemeine Trend, die Menstruation möglichst unauffällig, geruchlos und schmerzfrei zu machen, symptomatisch für unsere Zeit. Heute, wo auch Frauen im Beruf und in der Freizeit ihren „Mann" stehen müssen, ist kein Platz für diese typisch weibliche Unpäßlichkeit.
Daß die Monatshygiene inzwischen aber eine rein kommerzielle Angelegenheit ist, die auf dem Rücken der Frauen ausgetragen wird, liegt auf der Hand. Wer kann schon sicher sein, daß Tampons nicht irgendwelche schädlichen Substanzen enthalten (z.B. Anti-Blutgerinnungsstoffe), die den Blutfluß stärker als es normal der Fall wäre, aufrechterhalten, nur um einen größeren Tamponverbrauch zu erreichen?
Tampons müssen nach der Benutzung weggeworfen und als Abfall beseitigt werden. Außerdem kosten sie eine Menge Geld. Eine Alternative zu Tampons sind natürliche Seeschwämmchen. Sie halten recht lange und können im Gegensatz zu Tampons immer wieder benutzt werden. Sie werden genauso wie ein Tampon in die Scheide eingesetzt. Man braucht 2 - 3 kleinere (etwa 10 cm lange und ca. 4 - 5 cm breite) Seeschwämmchen, die etwa so viel kosten wie 40 Tampons. Sie sind genauso weich wie Tampons und brauchen nur ein wenig Pflege. Beim Kauf von Seeschwämmchen sollte man recht kleine aussuchen, denn sie sind im Verhältnis wesentlich billiger als die großen und haben viel kleinere Poren, wodurch sie saugfähiger sind. Zuerst läßt man die Schwämmchen im kochenden Wasser 1/2 Stunde ziehen und hängt sie dann zum Trocknen auf. Mit den Fingern sollten die Schwämmchen nach kleinen harten Teilen abgetastet werden, da diese vor dem Gebrauch unbedingt entfernt werden müssen. An einem Ende befestigt man ein ca. 15 cm langes Stück Baumwollfaden (z.B. Zwirn), mit dem man das Schwämmchen herausziehen kann.
Versuche mit Wasser haben ergeben, daß ein Schwamm 1/3 mehr Wasser aufnehmen kann, als ein normaler

Tampon. Jedoch läßt dies nicht den Rückschluß zu, daß er auch 1/3 mehr Blut aufnehmen könnte. Da er etwas eingedrückt in der Scheide liegt, kann er nicht ganz so viel Blut aufnehmen wie ein Tampon, der sehr viel feinere Poren hat und sich mit Druck von innen nach außen ausdehnt. Frauen mit sehr starker Periode sollten deshalb während des besonders starken Blutflusses zusätzlich eine Binde tragen oder den Schwamm öfters wechseln. Ansonsten reicht der Seeschwamm aus. Wenn die Periode vorbei ist, wäscht man die Schwämmchen mit einem milden Waschmittel (Seife) aus und drückt sie gut aus. Zum Trocknen hängt man sie am besten in einem Stoffsäckchen an einen luftigen Ort. Es empfiehlt sich, ständig Schwämmchen in Reserve zu haben, damit man auch unterwegs wechseln kann. Die benutzten Schwämmchen steckt man in Plastikbeutel und wäscht sie zu Hause aus. Zur Desinfektion kann man die Seeschwämmchen für 1/2 Stunde in Essigwasser legen und danach mit abgekochtem Wasser gut ausspülen.

Liebestrank für ew'ge Treue

Koriander ist ein kleiner, kugeliger, runder Samen. Er hat einen süßlich warmen Geschmack. Die Chinesen benutzten ihn, um das Herz zu erwärmen und weil er „Unsterblichkeit" verleihen soll. Um einen Liebestrank herzustellen braucht man

1 Flasche guten Rotwein
5 g ganz fein pulverisierten Koriander

Man gibt den Koriander ganz langsam in den Wein, und während des langsamen Umrührens sagt man folgenden Spruch:

>Koriander wärm' den roten Wein,
>unsere Herzen laß beisammen sein.

Einige Schluck davon sollen für eine sanfte immerwährende Liebe garantieren. Besonders wirkungsvoll wird der Wein, wenn man mit dem/der Liebsten zweimal das Glas tauscht.

Jungbrunnen — Rejuvelac

Die Samen, die von einer Pflanze produziert und dann zur Vermehrung verstreut werden, sind mit allem ausgerüstet, was notwendig ist, um aus dem kleinen Samenkorn wieder eine vollständige Pflanze wachsen zu lassen. Alle Wirkstoffe sind in hochkonzentrierter Form im Samen gespeichert. In Trockenheit ruhen die Samen und haben einen sehr geringen Stoffwechsel, der äußerlich nicht sichtbar ist. Kommen sie jedoch mit Wasser in Berührung, dann entfaltet sich die versteckte Kraft und aus dem kleinen Samenkorn wird zuerst ein Sproß, dem nach und nach die Entwicklung zur ganzen Pflanze folgt. Während des Sprießens entwickeln die Enzyme, Vitamine usw. ihre volle Tätigkeit. Die Menge von Vitaminen wird ganz beträchtlich erhöht. Vitamin C kommt vor allen Dingen in grünen Sprossen vor. Vitamin E und der ganze Vitamin-B-Komplex vergrößern sich um das Vielfache ihres Ausgangswertes. Während des Sprießens werden auch die im Samen gelagerten Kohlehydrate in einfache Zucker umgewandelt. Das ist der Grund, warum Sprossen leicht süßlich schmecken. Die Umwandlung übernehmen Enzyme. Beim Bierbrauen ist dieser Vorgang sehr wichtig. In der Gerste spalten die Amylasen und Maltasen die Stärke in gärfähigen Zucker.

Enzyme sind biologische Faktoren, ohne die unser Leben nicht so geordnet funktionieren könnte. Sie sind im Körper von entscheidender Bedeutung, weil sie praktisch alle Vorgänge katalytisch steuern. Sie spalten Zucker auf, zerlegen Proteine in Aminosäuren, sie regen den Sauerstofftransport an und vieles mehr. Mit Hilfe der Enzyme kann der Körper Stoffe umwandeln und Energie binden und freisetzen.

Mit Gereidesprossen oder auch anderen Sprossen kann man sich gerade in der Winterszeit mit hochwertiger frischer Nahrung versorgen. Man bringt einfach die Samen mit Wasser in Berührung und schon läuft der von der Natur exakt vorgeplante Weg des Sprießens ab und innerhalb weniger Tage haben wir frische Sprossen, die mit das Lebendigste an Nahrung darstellen, was wir finden

können. Sie sind voll mit lebenswichtigen Vitaminen und Mineralien.
Diese Stoffe braucht der Körper in ausreichendem Maße, um gesund zu bleiben. Sind sie nur mangelhaft vorhanden, kann der Körper seine Aufgaben nicht so erfüllen, wie es für eine optimale Gesundheit notwendig ist.
Die Gesundheit beginnt mit einer ausgewogenen Darmflora. Es gibt sogenannte „schlechte" und „gute" Bakterien, die im Darm zusammen vorkommen. Überwiegen die schlechten, dann bekommt man Blähungen, Verdauungsstörungen usw.. Die guten Bakterien, zu denen die Milchsäurebakterien gehören, sorgen dafür, daß die schlechten nicht überhand nehmen und im richtigen Rahmen ihre Aufgaben erfüllen. Durch Zufuhr von Milchsäurebakterien können wir einen ganz entscheidenden Beitrag für die Gesunderhaltung unserer Darmflora leisten.
Milchsäurebakterien finden sich in allen gesäuerten Produkten wie Dickmilch, Sauerkraut, milchsauer eingelegten Gurken usw. In diesem Zusammenhang muß auch Sauerteigbrot, Joghurt und Kefir erwähnt werden, die auch durch Säuerung entstehen. Säuerungen als Mittel zur Haltbarmachung von Nahrung spielen traditionell eine große Rolle im mittleren Europa (vor allem in den Balkanländern) und in Asien, wo Fisch, Gemüse und Getreideprodukte und Soja (Miso und Tamari) milchsauer vergoren werden.
Mit Hilfe der enzymatischen Vorgänge im Getreide kann man z. B. mit Vollkornbrot Sauerkraut ohne Salz herstellen (s. a. Lebensbuch). In Russland wird das bekannte Getränk Kwass z. T. aus vergorenem Brot gemacht.
Die enzymatische Aufschließung und gleichzeitige Säuerung mit Getreide kann man auch zu Hause nutzen, um ein Getränk herzustellen, von dem behauptet wird, daß es ein langes und gesundes Leben beschert, wenn man es regelmäßig trinkt, da es auf günstigste Weise die Darmflora beeinflußt.

Herstellung des Rejuvelac

Um den Rejuvelac herzustellen gibt es mehrere Möglichkeiten:

a) Man nimmt eine Tasse Weizenkörner (biologische Qualität) und 2 Tassen Wasser. Der Weizen bleibt 16 - 24 Stunden lang im Wasser liegen (Sommer kürzer, im Winter länger). Dann wird das Wasser abgegossen und ohne den Weizen 36 - 72 Stunden an einen warmen Ort gestellt. Der Rejuvelac ist fertig, wenn er einen leicht säuerlichen, jedoch noch milden Geschmack hat. Riecht das Wasser unangenehm, dann kann es daher kommen, daß man gespritzten Weizen erwischt hat oder das Wasser war zu schlecht. Am besten eignet sich Mineralwasser, wenn man keinen Zugang zu Quellwasser hat. Die Weizenkörner kann man noch weitersprießen lassen und dann nach 2 - 3 Tagen essen. Der fertige Rejuvelac hält sich im Kühlschrank gekühlt etwa 5 - 6 Tage.

b) Man nimmt wieder eine Tasse Weizenkörner und 2 Tassen Wasser. Dieser Ansatz bleibt 2 - 3 Tage im Warmen stehen. Dann gießt man das Wasser ab und kann es direkt schon trinken. Die Weizenkörner werden mit frischem Wasser übergossen und nach 2 - 3 Tagen ist die nächste Portion Rejuvelac fertig. Dies kann man ungefähr 2 Wochen lang tun.

c) Um einen stärkeren Geschmack zu bekommen, nehme man dieses Verfahren. Es ist sicherer als die beiden erstgenannten. Man mahlt das Getreide frisch und übergießt es dann mit dem Wasser (Verhältnis auch 1 : 2). Ansonsten geht man wie unter a) und b) beschrieben vor. Das zu Boden sinkende Getreide kann man als Müsli essen.

d) Diese Methode finde ich am besten, da sie die sicherste Gewähr für ein gutes Gelingen bietet. Das Getreide wird als ganzes Korn 48 Stunden im Wasser eingeweicht. Dann wird die ganze Flüssigkeit nebst Getreide in einem Mixer geschlagen, bis alles zerkleinert ist. Nach weiteren 24 Stunden hat sich das Getreide nach unten abgesetzt und man kann das Wasser abgießen und trinken.

Einen überaus schmackhaften Rejuvelac bekommt man, wenn man statt des Weizens Hirse nimmt, und sie entsprechend c) und d) zubereitet. Der Geschmack erinnert sehr stark an Zitrone und ist wirklich erfrischend.

Samenferment

Mit Hilfe des schon hergestellten **Rejuvelac** kann man sich eine vergorene Samenpaste herstellen, die in ihrem Nährwert Kuhmilch oder Käse in nichts nachsteht. Diese Art der Nahrungszubereitung kann sehr wichtig sein für Menschen, die gegen Kuhmilchprodukte allergisch sind oder sie aus einem anderen Grund meiden wollen.

1/2 Tasse Sonnenblumenkerne
1/2 Tasse Sesamsamen oder Mandeln
1 Tasse Rejuvelac oder eine Mischung aus 1/2 Tasse Rejuvelac 1/2 Tasse altes Samenferment

Die Sonnenblumenkerne, Sesamsamen oder Mandeln werden mit dem Rejuvelac zusammen im Mixer 1 - 2 Minuten geschlagen, bis ein feiner Brei entsteht. Es kann günstig sein, vorher die Mandeln zu mahlen, damit sie nicht in den Schneideblättern des Mixers hängenbleiben. Der gut gemixte Brei bleibt 8 - 24 Stunden stehen, je nach Stärke des Rejuvelac und entsprechend der Temperatur. Die geeignetste Temperatur ist so 20 - 22° C. Das fertige Samenferment kann nach Belieben gewürzt werden. Wichtig: Bei starken Temperaturschwankungen gelingt dieses Rezept nicht.

Wildkräuter

Wenn im Frühjahr, nach einem kalten, tristen Winter der Schnee verschwindet und das erste junge Grün hervorlugt, dann ist die Zeit gekommen, sich des beginnenden Lebens zu erfreuen. Es ist eine Periode zurückgelegt worden, in der der menschliche Organismus seine Reserven verbraucht hat und regenerationsbedürftig ist. Die Kost, die im Winter gegessen wurde, hat nicht die Kräfte, wie vergleichsweise im Sommer. Eine Frühjahrskur kann man mit „Wildgemüsen" durchführen.
Die sogenannten „Unkräuter" werden vielfach verkannt und sind so manchem Gärtner oder Bauern eine Plage. Im Gegensatz zu unseren kultivierten Gemüsen sind sie jedoch ernährungsphysiologisch oft hochwertiger, besonders wenn sie roh zubereitet werden.
Man muß nur einmal im Frühjahr an den Weg- und Waldrändern schauen, was dort so alles wächst. Kennt man nicht alle Pflanzen, die man sammeln will, dann nimmt man am besten ein gutes Pflanzenbuch mit. Noch besser ist es natürlich wenn man jemanden kennt, der einem die Pflanzen zeigen kann. Der Huflattich ist so ziemlich die erste Frühjahrspflanze, und fällt in der sonst noch kahlen Landschaft durch seine gelben Blütenköpfchen auf. Er steckt voller Kraft, quasi als Vorreiter der neuen Vegetationsperiode, und ist neben der Heilwirkung auch ein wohlschmeckendes Gemüse.

Huflattichblüten gebraten

**1 1/2 Hand voll Huflattichblüten pro Person
eventuell einige junge Brennesselspitzen
1 - 2 Zwiebeln in Ringe geschnitten
1 Knoblauchzehe gepreßt
125 g Käse zum Überbacken
Edelhefeflocken, Tamari und saure Sahne zum Würzen
2 - 3 Eßlöffel Sonnenblumenöl**

Die Zwiebelringe werden in einer Pfanne im Sonnenblumenöl angebraten. Danach kommen die Kräuter dazu. Wenn die Kräuter angeschmort sind, gibt man den Knoblauch und die Gewürze dazu. Zum Schluß legt man den Käse oben auf den Pfanneninhalt und verschließt die Pfanne mit einem Deckel.

Das Gemüse sollte nicht zu lange geschmort werden, da sonst der leicht nußartige Geschmack der Huflattichblüten verloren geht. Man kann zu diesem Gemüse Brot oder gekochtes Getreide (Hafer, Grünkern, Weizen usw.) servieren.

Wiesen-Salat

Man braucht sich nicht nur im Frühjahr der Wildkräuter besinnen, denn gerade im Sommer ist die Auswahl der Pflanzen sehr groß. Ab und zu läßt sich bis in den späten Herbst hinein ein Wildgemüse auf den Speiseplan setzen. Es ist eine gesunde und billige Mahlzeit.
Beim Sammeln der Pflanzen ist es ratsam, nicht wahllos alles einfach abzurupfen, was so gerade auf den Wiesen und an den Wegrändern wächst. Es ist unbedingt darauf zu achten, keine Pflanzen von frisch gedüngten oder gespritzten Weiden zu pflücken, und Pflanzen an Weg- und Straßenrändern nicht mitzunehmen, auch wenn sie noch so einwandfrei aussehen. Schadstoffe werden von der Pflanze angereichert und lagern sich nach dem Verzehr im menschlichen Körper ab.

1 Handvoll junge Löwenzahnblätter, deren Blattrippen noch nicht milchig sein dürfen
8 - 10 noch leicht geschlossene Gänseblümchenblüten
1/2 Handvoll Sauerampfer (nur die kleinsten Blätter)
1/2 Handvoll junge Buchenspitzen
etwas Hirtentäschel zum Würzen

Für die Soße:

2 hartgekochte Eier
Öl, Essig, 1 Becher saure Sahne
Salz oder etwas Tamari
ein bißchen Senf oder gemahlenen Senfsamen

Die Kräuter gut waschen und ganz fein schneiden. Eier mit einer Gabel zerdrücken und mit den restlichen Zutaten vermischen. Die Soße über die Kräuter gießen, umrühren und etwas ziehen lassen. Wem dieser Salat zu herb ist, der kann ihn jeweils zu einem Teil mit Kopfsalat mischen.

Arme-Leute-Suppe

2 1/2 Handvoll junge Brennesseln
1/2 Bündel Sauerampfer (zarte Triebe)
1/2 Bündel Brunnenkresse
1 Handvoll Gänsefingerkraut
Quendel zum Würzen
etwas Suppenwürze
4 - 6 mittlere Kartoffeln
1/4 l Weißwein
Tamari oder Salz

Kräuter gut waschen, abtropfen lassen und in feine Streifen schneiden. Die Kräuter werden kurz in einem Topf angegart. Die Kartoffeln werden getrennt in einem Topf gekocht (am besten Dampfkochtopf). Die Kräuter werden mit einem 3/4 l Wasser übergossen und die in kleine Stücke geschnittenen Kartoffeln dazugefügt. Die Suppenwürze und der Wein kommen dazu und eventuelle andere Gewürze. Die Suppe nur ganz kurz aufkochen lassen und kurz vor dem Servieren mit Tamari abschmecken. Tamari nicht mit aufkochen lassen.

Fermentierter Brombeerblättertee

Wer gerne den Geschmack von fermentiertem Tee mag, jedoch aus gesundheitlichen oder geschmacklichen Gründen nicht so gerne echten schwarzen Tee trinkt, der kann sich den „deutschen schwarzen Tee" selbst herstellen.
Im Frühjahr oder Frühsommer, wenn die jungen Brombeertriebe austreiben, sammelt man einige Hände voll der kleinen Blättchen und trägt sie nach Hause. Sie werden an einem Ort ausgebreitet und getrocknet (auf dem Dachboden oder in Herdnähe). Nach ein bis zwei Tagen sollten die Blätter leicht welk sein. Dann nimmt man sie und zerreibt sie. Das ist nicht ganz einfach, da auch die Brombeerblätter kleine Dornen haben. Am besten legt man sie auf ein glattes Brettchen und rollt mit dem Nudelholz ganz fest darüber. Das Blatt soll nicht reißen, aber durch den austretenden Zellsaft ganz feucht werden. Je gründlicher man bei diesem Vorgang arbeitet, um so besser wird das Resultat. Hat man alle Blätter behandelt, dann werden sie mit lauwarmem Wasser gut eingesprengt und zusammengelegt. Sie kommen zuerst in ein Taschen-

tuch oder ein Leinenläppchen und dann in eine dichte
Plastiktüte oder eine Frischhaltefolie. Jetzt sollen sie
12 - 24 Stunden an einem warmen Ort (30 - 40° C) liegen.
Wenn die Fermentation abgeschlossen ist, sehen die Blätter
dunkelbraun aus und haben einen leichten Geruch. Ist dies
der Fall, werden sie möglichst schnell getrocknet und
anschließend in einer Dose mit gut schließendem Deckel
aufbewahrt.
Die Zubereitung des Brombeerblättertees ist die gleiche
wie die des schwarzen Tees. Brombeerblätter enthalten
kein Tein und regen deshalb nicht auf die Weise an, wie es
bei schwarzem Tee der Fall ist. Das Tein ist schon in der
Teepflanze vorhanden und ist kein Effekt des Fermentierens.

Beinwellsalbe

Die Beinwellsalbe wird aus der Wurzel der Beinwellpflanze
hergestellt. Ihr Name rührt daher, daß man damit Knochen-
und Gelenkkrankheiten heilt. Früher so wie auch heute
wird die Beinwellpflanze von Kräuterkundigen zur Heilung
von Knochenentzündungen und auch zur Unterstützung
der Heilung von Knochenbrüchen eingesetzt.
Die Beinwellsalbe ist ein Mittel gegen Arthrosen und
Schmerzen in den Gelenken. Der in der Wurzel der
Pflanze in reicher Menge vorkommende Stoff Allantoin
wirkt zellbildend. Deshalb wird die Beinwellsalbe auch bei
eitrigen Wunden, Quetschungen und Blutergüssen
angewandt. Bei schmutzigen Wunden wirkt die Salbe
antiseptisch.

8 Eßlöffel Sonnenblumenöl
60 g gereinigtes Butterfett
15 g reines Bienenwachs
20 g Beinwellwurzel

Die Beinwellwurzelstücke werden im Sonnenblumenöl angesetzt und bleiben 3 - 4 Tage in der Wärme stehen.
Bei der Zubereitung stellt man zuerst das Butterfett her. (s.
Anhang) In das gereinigte Butterfett gibt man das
Bienenwachs. Nachdem sich das Bienenwachs aufgelöst hat
(vorher in kleine Stücke schneiden), wird das Öl
hinzugefügt, einschließlich der Wurzeln. Die Flüssigkeit gut
umrühren und erkalten lassen, bis sie fest ist. Dann wieder

erwärmen und nochmals erkalten lassen. Nach dem 3. Erwärmen wird sie in flüssigem Zustand durch ein Stück Stoff (Mull) gefiltert und nach dem Abkühlen ist sie dann fertig und benutzbar. Die Konsitzenz kann man noch durch Zugabe von mehr Öl oder Wachs korrigieren, je nachdem wie man die Salbe haben will.

Kampfer

Wenn der in Ostasien beheimatete Kampferbaum 50 - 60 Jahre alt ist, wird sein Holz kleingeschnitten und durch Wasserdampfdestillation der Kampfer ausgezogen. Über dem Wasser im Auffanggefäß am Ende der Destillationsapparatur scheidet sich eine Mischung von festem und flüssigem Kampfer ab. Man trennt die festen von den flüssigen Bestandteilen und bekommt den weißen, kristallinen Kampfer und das ätherische Öl.
Bei den meisten Rezepten verwendet man den kristallinen Kampfer. Es gibt mittlerweile auch schon synthetisch hergestellten Kampfer, den die Apotheken in der Regel als einzigen führen. Er ist billiger als der echte, jedoch sollte man für medizinische Zwecke nur den echten Kampfer nehmen. Man muß vielleicht bei einigen Apotheken vorsprechen, bis man eine findet, die echten Kampfer besorgen kann. Er wird nicht oft verlangt und muß in großer Mindestmenge beschafft werden, so daß sich die Apotheken verständlicherweise davor scheuen, ihn zu besorgen.

Grundrezept für die Seifenherstellung

100 ccm kaltes Öl
2 Eßlöffel Ätznatron (kristallin)
200 ccm Öl

Zuerst gibt man das Öl in einen emaillierten Topf oder einen Edelstahltopf. Dann fügt man langsam das Ätznatron hinzu. Man rührt mit einem Holzlöffel (möglichst ein alter, der nicht mehr zum Essenkochen benutzt wird) um, und hat nun die Natronlauge. Durch den Auflösungsvorgang entsteht Wärme, die man von außen am Topfboden spüren kann. Auf keinen Fall darf man mit den Fingern in die Flüssigkeit greifen. Nun erwärmt man das Öl ganz leicht und gießt es unter ständigem Rühren in die Natronlauge. Die sich nun schon verseifende Masse wird zwei bis drei Minuten lang mit einem Schneebesen geschlagen. Die Masse muß ganz homogen sein und etwas undurchsichtig aussehen. Die Seife wird in kleine Plastikförmchen gefüllt, die flexibel sein müssen, damit man nachher die Seife gut herausnehmen kann. In den Förmchen macht die Seife den ersten Teil des Reifungsprozesses durch. Aus der flüssigen Masse wird in 3 - 4 Wochen (je nach Art des verwandten Öles etwas unterschiedlich) eine feste gallertartige Substanz, die man mit etwas Vorsicht aus der Form holen kann. Die Seife ist dann noch so weich, daß man am besten die Form auf den Kopf stellt und die Seife herausrutschen läßt. Diese Rohseife wird auf ein Stück Plastik gelegt, damit sie in Ruhe trocknen kann. Mit der Zeit schwitzt die Seife etwas und es läuft ein bißchen Flüssigkeit heraus, das macht aber nichts. Wenn die Seife anfängt fest zu werden, braucht man sie nur noch einige Monate an einem luftigen Plätzchen ganz austrocknen zu lassen, bis sie so fest ist, daß man sie benutzen kann. Auf der Oberfläche können sich kleine glänzende Kristalle bilden, die man vor der Benutzung entfernt. Die angegebene Menge ergibt etwa 3 Stück mittelgroße Seife.

Seifenherstellung — allgemein

Es ist nicht so schwer selbst Seife herzustellen, man muß lediglich einige Dinge beachten. Seife entsteht im Prinzip, wenn man Öl (oder Fett) und eine Lauge (z.B. Natronlauge

oder Kalilauge) zusammenbringt. Bei den Laugen handelt
es sich um stark ätzende Stoffe. Sie werden auch Alkalien
genannt (im Gegensatz zu Säuren). Die mit diesen Alkalien
hergestellten Seifen nennt man deshalb auch Alkaliseifen.
Fast alle Seifen, die man kaufen kann, werden auf diese Art
und Weise hergestellt. Ihr Nachteil besteht darin, daß sie
den natürlichen Säuremantel der Haut neutralisieren.
Deshalb gibt es auch „saure" Seifen zu kaufen, die dies
nicht tun. Sie sind wesentlich schwieriger herzustellen, als
alkalische Seifen. Eigentlich handelt es sich chemisch
gesehen dabei nicht um Seifen. Deshalb tragen einige
dieser Produkte auch den Zusatz „seifenfrei". Wenn man
nun nicht gerade nur seifenfreie Waschmittel benutzt,
dann lohnt es sich auf jeden Fall, selbst Seifen herzustellen.
Man kann die feinsten Zutaten benutzen, wie z.B. gutes Öl
(Oliven-, Sonnenblumen-, Mandelöl usw.). Wichtig ist
etwas Geduld, da die frisch hergestellten Seifen einige
Monate trocknen müssen bevor man sie benutzen kann.
Vor dem Arbeiten sollte man die Arbeitsfläche gut mit
Papier auslegen. Natronlauge wird u.a. zum Abbeizen alter
Lacke benutzt. Ein Spritzer auf das selbstgestrichene
Küchenbüffet gibt ein Loch im Lack.
Außerdem muß man sehr vorsichtig arbeiten, oder am
besten Gummihandschuhe anziehen, die nicht von der
Natronlauge angegriffen werden. Im Allgemeinen wird
Plastik und Gummi nicht von Natronlauge angegriffen. Es
ist ratsam, ein Schälchen mit Essig auf den Arbeitstisch zu
stellen. Hat man einen Spritzer abbekommen, gibt man
etwas Essig darauf, der die Natronlauge neutralisiert.
Natronlauge fühlt sich „seifig" an, wenn man sie auf die
Fingerspitzen bekommt. Taucht man die Finger dann in
Essig, geht dieses Gefühl sofort weg.
In den hier aufgeführten Rezepten wird ausschließlich
Natronlauge verwandt. Sie ergibt mit Öl zusammen eine
feste Seife. Kalilauge benutzt man um Schmierseifen
herzustellen. Da man früher keine andere Quelle als
Holzasche hatte, um die für die Seifenproduktion
(Schmierseife) nötige Kalilauge zu gewinnen, hat man
etliche Wälder abgeholzt und das Holz verascht.

Lanolin-Seife

Diese Seife ist sehr weich für die Haut und leicht herzustellen. Durch den hohen Anteil an Kokosfett wird sie relativ schnell fest und braucht nicht so lange, wie z.B Zimteier. Reines Kokosfett braucht man nicht in der Apotheke zu kaufen, wo es recht teuer ist. Viele Bratenfette (z.B. Palmin) sind aus 100 % Kokosfett gemacht. Wenn dies der Fall ist, dann steht es auf der Packung.

150 ccm kaltes Wasser
3 Eßlöffel Ätznatron (kristallin)
50 ccm Rizinusöl
100 ccm Sonnenblumenöl
100 g Kokosfett
50 g Lanolin
1 Teelöffel Zedernholzöl (es kann auch Sandelholz o.ä. sein)

Man geht nach dem Grundrezept vor und gießt die fertig homogenisierte Seife in kleine Plastikförmchen. Die Seife braucht etwa einen Monat, bevor man sie aus der Form nehmen kann. Zum Trocknen hingelegt braucht sie noch einige Monate, bevor sie so hart ist, daß man sie gut zum Waschen benutzen kann.

Zimteier (Seifenrezept)

Dieses Rezept trägt seinen Namen deshalb, weil als Form für die Seife ausgeblasene Eierschalen benutzt werden. Die frischen Eier werden auf beiden Seiten angepikst und die Einstichstellen auf 4 - 5 mm Durchmesser vergrößert. Dann bläst man das Ei aus. Die Schalen werden mit klarem Wasser ausgespült und anschließend getrocknet.

100 ccm kaltes Wasser
3 Eßlöffel Ätznatron (kristallin)
200 ccm Mandelöl
50 g Kokosfett
1 Teelöffel Zimtöl
7 - 8 ausgeblasene Eier

Vor dem Herstellen der Seife müssen die Formen vorbereitet werden. Ein Loch pro Ei wird etwas vergrößert, damit man die flüssige Seife hineingießen kann. Das andere Loch wird mit einem Kleber (z. B. Uhu) gut verschlossen. Der

Kleber sollte gut austrocknen, damit er nicht von der noch stark ätzenden flüssigen Seifenlösung angegriffen wird. Man geht nach dem Grundrezept vor und fügt nach dreiminütigem Umrühren und Schlagen mit dem Schneebesen das Zimtöl hinzu und füllt mit einem Trichter die Seife in die vorbereiteten Eierschalen. Da die flüssige Masse nur wenig Oberfläche zum Trocknen hat, dauert es recht lange bevor die Seife fest wird. Man muß mit 6 - 8 Wochen rechnen, bevor man versuchen kann die Schalen
abzunehmen. Am besten macht man gleichzeitig einen Probeguß in ein kleines offenes Schälchen, damit man sehen kann, wann die Masse fest genug ist. Diese Seife braucht zum endgültigen Trocknen noch einmal mehrere Monate.

Calendula-Rosen-Seife

100 ccm Rosenwasser
2 Eßlöffel Ätznatron
200 ccm Calendula-Rosen-Gesichtsöl
2 Tropfen echtes Rosenöl

Bevor man mit der Herstellung dieser Seife beginnen kann, sollte man das Calendula-Rosen-Gesichtsöl schon zur Hand haben. Dies ist jedoch nicht unbedingt erforderlich. Man kann ebensogut Sonnenblumen- oder Mandelöl nehmen. Die Seife soll mit echtem Rosenöl gewürzt werden. Echtes Rosenöl wird, da es enorm teuer ist, nur tropfenweise verkauft. Deshalb nimmt man am besten die 200 ccm Öl, die man zur Seifenherstellung verwenden will mit zur Apotheke und läßt sich dort die zwei Tropfen hineinträufeln. In einem Extragefäß für nur zwei Tropfen würde zuviel verloren gehen.
Man mischt das kalte Rosenwasser und das Ätznatron und fügt das leicht erwärmte Öl (mit dem Rosenöl) unter Rühren dazu. Drei bis vier Minuten mit dem Schneebesen schlagen und in Plastikförmchen füllen (s.a. Grundrezept).

Lanolin

Lanolin ist eine Substanz, die aus dem Wollschweiß von Schafen gewonnen wird. Es ist leicht klebrig und von gelblicher Farbe. Sein Eigengeruch ist zwar schwach, aber recht typisch. Chemisch gesehen handelt es sich nicht um ein Fett, sondern ein Wachs. Seine hervorragenden hautpflegenden Eigenschaften machen es zu einem der bedeutendsten kosmetischen Grundstoffe. In industriell gefertigten Cremes und Seifen spielt es eine große Rolle. Außerdem wird es mit bei der Herstellung von Zäpfchen und Pasten verwandt. Mischt man Lanolin mit fetten Ölen (s.a. ätherische Öle) und Kakaobutter, dann verliert es seine Klebrigkeit. Zum Lagern sollte man es am besten in den Kühlschrank stellen.

Ätherische Öle

Ätherische Öle sind Substanzen, die in Pflanzen vorkommen. Sie können in ganz verschiedenen Teilen sein, im Blatt, in der Wurzel, im Stengel, der Blüte usw... Sie werden durch Wasserdampfdestillation gewonnen und sind flüchtig, d.h. sie verdunsten, wenn man sie offen an der Luft stehen läßt. Durch die Tatsache, daß dauernd Moleküle aus der Flüssigkeit in die Luft austreten, können wir die ätherischen Öle als Geruch wahrnehmen. Diese Flüchtigkeit ist auch ihr Unterscheidungsmerkmal im Gegensatz zu den „fetten" Ölen, wie z.B. Sonnenblumen-, Oliven-, oder Avocadoöl, die auf Papier einen Fettfleck hinterlassen, während ätherische Öle nach einer Weile von dem Papier verschwunden sind.
Es gibt ganz verschiedene ätherische Öle: Pfefferminz-, Kamillen-, Zimt-, Nelken-, Latschenkiefern-, Eukalyptusöl usw.. Die Provence ist bekannt für ihre Produktion von Lavendel- und Rosenöl.
Die ätherischen Öle sind nicht ganz billig, da man sehr viele Pflanzen braucht, um eine kleine Menge des Öls herzustellen. Deshalb werden sie grammweise oder kubikzentimeterweise verkauft. Der Preis pro Gramm liegt zwischen 3,— und 15,— DM. Ätherische Öle reizen die Schleimhäute und sollten deshalb nicht in die Nase oder Augen kommen. Offene Wunden an den Fingern brennen, wenn sie mit ätherischen Ölen in Berührung kommen. Bei

der Parfümherstellung (s. unten) sollte man darauf achten, daß man die Öle auch auf der Haut verträgt und sie dementsprechend dosieren. Es gilt auch hier: „Viel hilft nicht immer viel".

Einfache Parfümherstellung

Da ätherische Öle für die meisten Menschen unangenehm sind, wenn sie unverdünnt auf die Haut gelangen, hier ein Rezept, mit dem man dieses Problem umgehen kann:

2 Teelöffel eines fetten Öls (Sonnenblumen-, Mandel-, Avokadoöl)
15 - 20 Tropfen eines ätherischen Öls

Die beiden Öle werden gut gemischt und man bekommt so ein Parfüm, das nicht sehr lange hält, aber dafür frei von Konservierungsstoffen ist, und dessen Geruch man sich selbst ganz individuell aussuchen kann.

Rosenwasser

Rosenwasser ist ein Abfallprodukt bei der Rosenölgewinnung. Es sollte nicht mit Rosenöl verwechselt werden. Rosenöl ist ein ätherisches Öl, das sehr teuer ist. Rosenwasser dagegen findet man z.B. als Bestandteil des Marzipans. Man kann Rosenwasser oft recht billig in türkischen Geschäften kaufen.

Bekommt man kein Rosenwasser, so kann man sich auch selbst welches herstellen. Man nimmt die gewünschte Menge Wasser und gibt pro 100 ccm zwei bis drei Tropfen echtes Rosenöl dazu. Am besten gießt man das Wasser in einen Mixer und tropft das Rosenöl in die laufende Flüssigkeit. Dadurch werden die Öltröpfchen etwas zerkleinert und setzen sich nicht so schnell wieder an der Wasseroberfläche ab. Nach längerem Stehen werden sich trotzdem einige Öltröpfchen auf der Oberfläche zeigen, die man durch Schütteln wieder im Wasser verteilen kann. Damit das angesetzte Rosenwasser nicht schlecht wird, sollte man abgekochtes oder destilliertes Wasser nehmen. Auf die gleiche Weise lassen sich auch andere Blütenwasser herstellen (z.B. Orangenblüten-, Lavendelblüten-, Rosmarinwasser usw.). Es ist in der Regel billiger, sich die Blütenwasser selbst zu mischen, als dies von einer Apotheke besorgen zu lassen. Man nimmt einige Tropfen des reinen, ätherischen Öls und mischt sie gut mit der gewünschten Menge Wasser.

Tinkturen

Bei Tinkturen handelt es sich um Flüssigkeiten, die die Wirkstoffe von Pflanzen in konzentrierter Form enthalten. In den meisten Fällen sind Tinkturen alkoholische Auszüge, die über mehrere Jahre verwendungsfähig bleiben. Man kann Tinkturen sowohl von frischen als auch von getrockneten Pflanzen herstellen. Man gibt die Pflanzenteile in ein klares Glasgefäß, bis dieses zur Hälfte gefüllt ist und gießt dann so viel Alkohol (reines Äthanol, Kornschnaps oder Gin usw.) dazu, bis alle Pflanzenteile bedeckt sind. Hat man frische Pflanzen, sollte der Alkohol am besten 60 %ig oder noch konzentrierter sein. Das Glas wird verschlossen und an einen warmen sonnigen Platz gestellt, wo es 2 - 3 Wochen stehen bleibt und ab und zu geschüttelt wird. Bevor man nach Beendigung des Ausziehens die Tinktur filtriert, kann man sie noch eine Weile im Dunkeln aufbewahren.
Wie für alle selbst hergestellten Mittel gilt auch hier, daß man am besten zur Aufbewahrung eine gut verschließbare dunkle Flasche benutzt. Die beste Art eine Flasche zu verschließen ist ein Korken. Er atmet noch etwas und schließt trotzdem dicht ab. Hat man eine größere Menge einer Tinktur hergestellt, und will man davon einen Teil für längere Zeit aufbewahren, so kann man den Stopfen an der Berührungsstelle mit dem Flaschenhals mit Siegellack abdichten, oder den Flaschenhals kurz in warmes flüssiges Wachs tauchen.

Die schon fertig zubereiteten Tinkturen, die man in der Apotheke kaufen kann, wie z.B. Angelika-Tinktur, werden entsprechend den Vorschriften des DAB 8 (s.a. Anhang) mit 70 %igem Äthanol hergestellt.

Mazeration (Kaltauszug)

Unter Mazeration versteht man den Auszug von Wirkstoffen aus Kräutern mittels Öl, Essig oder Wasser ohne Erwärmung. Das beinhaltet auch Kräutertees. Bei einigen Kräutern kann man mit dem Kaltauszug bestimmte Wirkstoffe isoliert ausziehen. Die Mazeration durch Öl verwendet man, wenn man Massage- oder Haaröle (Johannisöl, Klettenwurzelöl) herstellen will. Außerdem kann man mittels Essig auch für die Küche verwendbare Auszüge herstellen (Kapuzinerkressenessig, Estragonessig). Dabei bleiben die Kräuter so lange im Essig, bis er verbraucht ist.
Mazeriert man ein Kraut, um daraus einen Heiltee zu machen, so braucht man zwischen 12 - 24 Stunden. Für Massageöle (oder auch für Kräuteröle zum Kochen in der Winterzeit) läßt man das Kraut 2 - 3 Wochen in der Flasche oder bei Kräuteröl, bis das Öl aufgebraucht ist. Ungefähr die gleiche Zeit brauchen auch Kosmetika, die auf Öl-oder Essigbasis aufgebaut sind.
Bei Ölmazerationen ist es sehr wichtig, sauber zu arbeiten. Das heißt, daß man die zu benutzenden Gefäße mit kochendem Wasser auswäscht und ohne abzutrocknen stehen läßt, bis sie trocken sind. Sind noch Spuren von Wasser in der Flasche, kann das Öl anfangen zu schimmeln und wird ranzig.

Butterfett — gereinigt (Ghee)

Butterfett ist im Gegensatz zu Butter längere Zeit lagerfähig und wird nicht so schnell ranzig, d.h. es hält sich einige Monate. In warmen Ländern wird durch Herstellung von Butterfett ein haltbares Fett gewonnen. Für Kosmetika und Salben ist Butterfett eine gut zu gebrauchende Zutat. Es ist ein tierisches Fett, das aber im Gegensatz zum Körperfett der Tiere (das ich nicht für die oben genannten Zwecke verwenden würde) ausgewogener ist, und der physiologischen Beschaffenheit der Haut entgegenkommt.
Um Butterfett herzustellen, nimmt man mindestens 250 g Butter und schmilzt sie auf möglichst kleiner Flamme, bis sie ganz flüssig ist. Den sich daraus entwickelnden weißen Schaum schöpft man so oft ab, bis sich keiner mehr bildet. Die noch flüssige Butter wird durch ein Stück Leinenstoff oder ein Taschentuch gegossen; erkalten lassen. Man bekommt ein maisgelbes Fett, das Butterfett.

Borax ($Na_2B_4O_7 \cdot 10\ H_2O$)

Borax ist ein weißer Kristall, der an der Luft langsam zerfällt. Es gibt reinen Borax und chemisch synthetisierten. Für die in diesem Buch verwendeten Rezepte ist es besser, den reinen Borax zu verwenden. Setzt man sehr kalkhaltigem Wasser Borax zu, dann wirkt er wasserenthärtend. Borax ist in höherer Konzentration ein mildes, nichtreizendes Entfettungsmittel für die Haut. Borax wird einigen käuflichen Körperpflege- und Bademitteln zugesetzt.

Bittersalz ($Mg\ SO_4 \cdot 7H_2O$)

Bittersalz ist ein Bestandteil der „Bitterquellen". Es wirkt innerlich eingenommen abführend. Zuerst wurde das Bittersalz in Epsom/England gefunden und dort durch Verdunstung gewonnen. Deshalb trägt es auch den Namen „Epsomsalz".

Verzeichnis der lateinischen Namen der benutzten Chemikalien und Drogen

Ähnlich wie bei den Pflanzen gibt es für Chemikalien Trivialnamen, die nicht immer genau anzeigen, was damit genau gemeint ist.

Alkohol	Äthanol (C_2H_5OH). Es gibt noch eine ganze Reihe anderer Alkohole. Äthanol ist jedoch der geeignetste, da er gleichermaßen für innerliche und äußerliche Anwendung geeignet ist.
Avocadoöl	Oleum Perseae
Ätznatron	Natriumhydroxid (NaOH)
Bienenwachs	Cera alba = weißes, gebleichtes Wachs Cera flava = gelbes Bienenwachs, das dem gebleichten vorzuziehen ist.
Bittersalz	Magnesiumsulfat ($MgSO_4 \cdot H_2O$)
Borax	Natriumtetraborat ($Na_2B_4O_7 \cdot H_2O$)
Hamameliswasser	Aqua Hamamelidis
Kakaobutter	Oleum Cacao
Kampfer	Camphora
Lanolin	Adeps Lanae anhydricus
Mandelöl	Oleum Amygdalarum
Myrrhe	Gummi Myrrhae
Natriumdiphosphat	Natriumdihydrogenphosphat ($NaHPO_4$)
Natriumperborat (wasserfrei)	($NaBo_3$)
Natron (doppelkohlensaures)	Natriumhydrogencarbonat ($NaHCO_3$)
Olivenöl	Oleum Olivarum
Orangenblütenwasser	Aqua florum Aurantii
Rosenwasser	Aqua florum rosae
Soda	Natriumcarbonat (Na_2CO_3)
Sonnenblumenöl	Oleum Helianthi annii

Verzeichnis der lateinischen Namen der verwandten Pflanzen

Pflanzen haben in Deutschland oft mehrere verschiedene Namen in der Volksheilkunde. Bestimmte Namen sind nur in ganz kleinen Gebieten bekannt. Da kann es passieren, daß man beim Einkaufen nicht ganau weiß, um welche Pflanze es sich handelt. Apotheker haben zwar Bücher mit den verschiedenen landschaftlich sehr unterschiedlichen Pflanzennamen, es ist aber einfacher, wenn man genau sagen kann, was man haben will.

Ackerschachtelhalm	Equisitum arvense
Aloe	Aloe vulgaris
Andorn, gemeiner	Marubium vulgare
Angelika	Archangelica off.
Anis	Pimpinella anisum
Bärenklau	Heracleum sphondylium
Beinwell	Symphytum off.
Berberitze	Berberis vulgaris
Blutwurz	Potentilla tormentilla
Borretsch	Borago off.
Brennessel	Urtica dioica
Eberraute	Artemisia abrotanum
Enzian	Gentiana lutea
Fenchel	Foeniculum vulgare
Frauenmantel	Alchemilla vulgaris
Goldsiegelwurz	Hydrastis canadensis
Hafer	Avena sativa
Holunder	Sambucus niger
Huflattich	Tussilago farfara
Immergrün	Vinca pervinca
Kalmus	Acorus calamus
Kamille	Matricaria chamomilla
Kirschbaum	Ramnus frangula
Klette	Arcticum lappa major
Knoblauch	Allium sativa
Königskerze	Verbascum thapsus
Koriander	Coriandrum sativum
Lärche	Larix decidua
Liebstöckel	Levisticum off.
Löwenzahn	Taraxacum off.
Mistel	Viscum album

Muskatnuß	Myristica fragrans
Myrrhe	Comniphora abyssinica
Rhabarber	Rheum off.
Rizinus	Ricinus communalis
Ringelblume	Calendula off.
Rosmarin	Rosmarin off.
Rotklee	Trifolium pratense
Santakraut	Eriodictyon glutinosum
Safran	Crocus sativus
Salbei	Salvia off.
Silberdistel	Carlina caulenscens
Sonnenhut	Plantago lanceolata
Spitzwegerich	Rudbeckia purpurea
Steinklee	Melilotus off.
Ulme	Ulmus campestris
Vogelmiere	Stellaria media
Wildpfeilwurzel	Maranta arundinacea
Zypressemwolfsmilch	Euphorbia cyparissias

off. = officinales

Bezugsquellen

Paul Arauner, Postfach 349, 8710 Kitzingen/Main
Hrsg. des Kitzinger Weinbuches, alle Artikel zum Weinmachen. Gibt auch Nachweise über Bezugsquellen und hat ein Weinlabor, in dem eingeschickte Proben analysiert werden.

Kräuterfarm Paracelsus, Postfach 120, 5244 Daaden/Sieg.
Großes Kräuterangebot.

Helmut Grieswald, Hammer Str. 11, 4400 Münster
Kräuter, Honig, Tees, Gewürze.

Prana-Haus, Kronenstr. 2 - 4 , 7800 Freiburg i. Br.,
ätherische Öle, die pro ml zwischen 2,— bis 8,— DM kosten.

Gesundleben, Biovertrieb, Postfach 301251, Im Steingrund 2, 6072 Dreieich
Kräuterbücher, Kräuter, Schwedenkräuter-Mischung und fertigen Schwedenkräuter-Ansatz.

Waldhof Krüdersheide, 5650 Solingen (Ohligs)
Bücher in sehr großer Auswahl und versch. biol. Artikel.

Fa. Bornträger GmbH, 6521 Offstein
Kräuter und Gewürze, Samen, Kräuterpflanzen.

Vogelpflug, Feld 2, 4553 Merzen 3
Bienenwachs, Propolis-Tinktur und verschiedenes.

Einhorn-Apotheke, Goetheplatz, 6000 Frankfurt/Main 1
spezialisiert auf Kräuter, Schwedenkräuter, Salben, homöopathische Mittel.

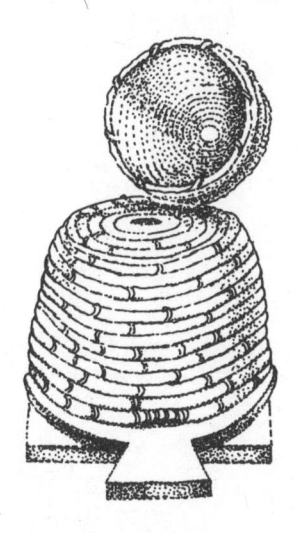

Literaturliste

Fachbücher

Aichele, Was blüht denn da? 1979 (40. Auflage) (Frankh-Kosmos-Verlag)
Ein ausführliches Bestimmungsbuch mit naturgetreuen Farbzeichungen europäischer Flora.

Lexikon der Heilpflanzen, Köln (Lingen Verlag)
Schöne Farbtafeln der wichtigsten Kräuter.

Quartier/Bauer-Bovet, BLV-Bestimmungsbuch Bäume und Sträucher, (BLV-Verlagsgesellschaft)

Hollerbach, Elisabeth und Karl, Kraut und Unkraut zum Kochen und Heilen, (Irisiana-Verlag)
Kochbuch mit Rezepten und Kräutern. (Als Bestimmungsbuch nicht so geeignet, da die Zeichnungen nicht sehr fein sind.)

Franke, Wolfgang, Nutzpflanzenkunde, (Thieme Verlag)
Botanisch-wissenschaftliches Werk über die Nutzpflanzen der Welt.

Römpp, Raaf, Chemie des Alltags, (Kosmos-Verlag)
Chemische Erklärungen aller uns umgebenden Dinge vom Streichholz bis zu Düngemitteln, Schuhcreme etc.. Weitgestreute Themenauswahl.

DAB 7 und DAB 8, Deutsches Arzneibuch, amtliche Ausgabe 1978, incl. Kommentar, (1040 S.) (GOVI-Verlag)
Offizielles Verzeichnis aller als heilkräftig anerkannten Pflanzen und Chemikalien. Dieses Buch wird von den Apotheken benutzt.

Morck, H., Drogenkunde (Thieme-Verlag)
Biochemische Erklärung der Heilpflanzen des DAB 7 und ihre Bedeutung.

Hoppe, Heinz A., Drogenkunde (de Gruyter und Co.), 1200 S., *ausführliches Nachschlagewerk aller Drogen der Welt.*

Weisenberg, A., Handwörterbuch der gesamten Arzneimittel (G. Ohms-Verlag)

Handbuch der Lebensreform, (Wirtschaftsverlag M. Klug, München)
Enthält Adressen von Reformhäusern, Heilpraktikern, Ärzten, die mit Naturheilkunde arbeiten, Homöopathen und ein Bezugsquellenverzeichnis.

Bezugsquellen für Alternatives (Verein für ein erweitertes Heilwesen e. V.)
Über 600 Adressen.

Furlenmeier, Wunderwelt der Heilpflanzen (Rheingauer-Verlagsges.)

Pelikan, Heilpflanzenkunde, Band 1 - 3 (Philosoph. Antroposoph. Verlag)

Willfort, Gesundheit durch Heilkräuter (Rudolf Trauner Verlag)
Ein Klassiker der Volksgesundheit.

Geheimnisse und Heilkräfte der Pflanzen (Verlag Das Beste)
Eine Zusammenstellung aus allgemeiner Botanik, Pflanzenheilkunde, Tiermedizin und Mythologie.

Kölbs Kräuterfibel
Fundgrube alter Kräuterrezepte, (Reprint-Verlag)

Tisserand, Robert B., Aroma-Therapie, (Bauer-Verlag)
Über die Wirkung der ätherischen Öle und Auszüge.

Messegue, Die Natur hat immer Recht, (Ullstein-Verlag)
Eine Sammlung von Rezepten für Heilmittel, Schönheitsmittel und köstliche Speisen.

Raithelhuber, Arzneikräuter und Wildgemüse, (Falken-Verlag)

Twitchell, Kräuter, die magischen Heiler, (Philes-Verlag)
Zusammenhang von Pflanzen und Spiritualität.

Treben, Maria, Gesundheit aus der Apotheke Gottes
Kräuterbuch

Faber, Stephanie, Das Rezeptbuch für Naturkosmetik, (Fritz Molden, Wien)
Kosmetikbuch zum Selbermachen.

Buchner, Greet, Schönheit aus der Natur, (Birchner-Benner-Verlag)
Kosmetikbuch mit allerlei Rezepten.

Vithoulkas, V., Medizin der Zukunft, (G. Wenderoth-Verlag, Kassel)
Eine gute Einführung in die Homöopathie

Kulvinskas, V., Leben und Überleben, Kursbuch ins 21. Jhdt., (Hirthammer Verlag)
Ein 'New Age'-Buch über Ernährung, Yoga und andere Gesundheitsmethoden.

Kushi, Michio, Das Buch der Makrobiotik, (Verlag Bruno Martin)
Das Standardwerk zu einer ausgeglichenen Ernährung und Lebensweise.

Weitere interessante Bücher finden sich im ausführlichen Spezial-Katalog von edition wandlungen, 29 Oldenburg.

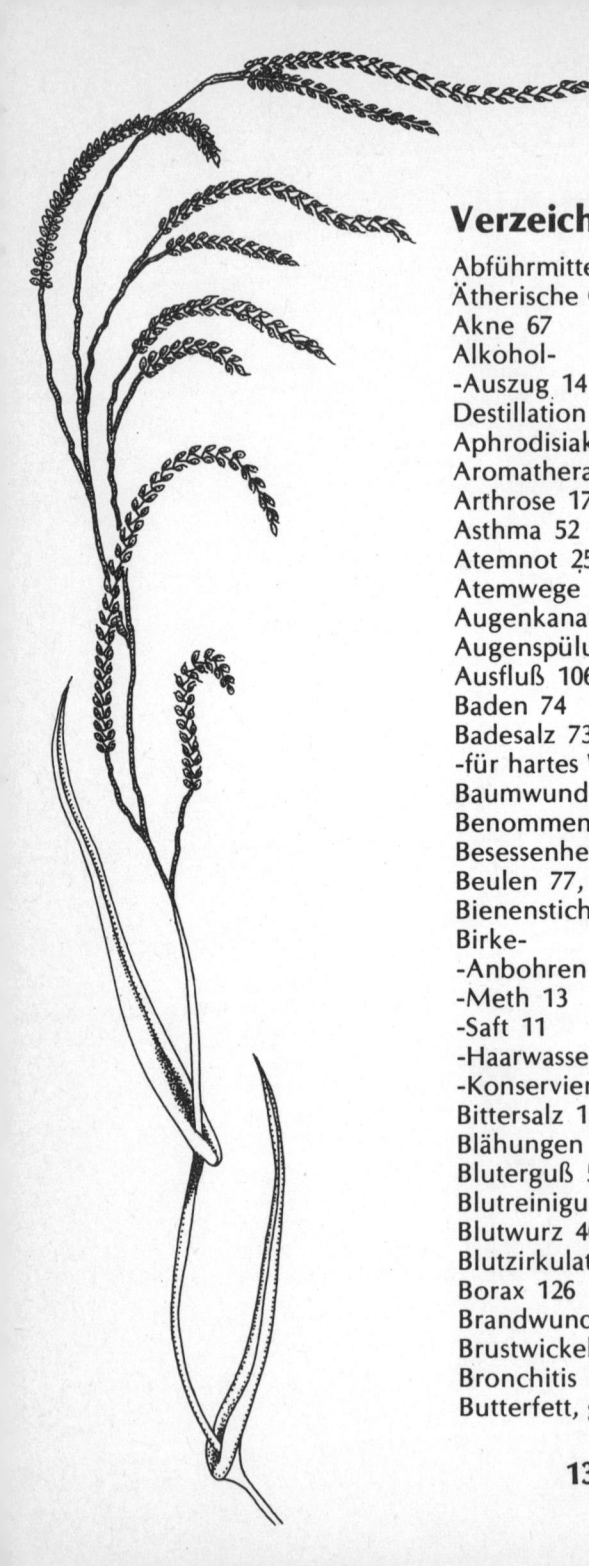

Verzeichnis der Anwendungen

Abführmittel 17, 44, 84, 101, 102
Ätherische Öle 123
Akne 67
Alkohol-
-Auszug 14
Destillation 36
Aphrodisiakum 89, 105
Aromatherapie 36
Arthrose 177
Asthma 52
Atemnot 25
Atemwege 25,51
Augenkanalentzündung 92
Augenspülung 92
Ausfluß 106, 107
Baden 74
Badesalz 73
-für hartes Wasser 73
Baumwunde 11
Benommenheit 33
Besessenheit 57
Beulen 77, 79
Bienenstiche 41, 42, 76
Birke-
-Anbohren 11
-Meth 13
-Saft 11
-Haarwasser 12
-Konservierung 12
Bittersalz 126
Blähungen 47, 49, 97
Bluterguß 55, 77, 117
Blutreinigung 12
Blutwurz 40
Blutzirkulation, Anregung 90
Borax 126
Brandwunden 41, 46
Brustwickel 57
Bronchitis 52
Butterfett, gereinigt 126

Darm-
-Darmflora 111
-Darmträgheit 44
-Entgiftung 45
Dentie 50
Depressionen 76
Durchblutungsstörungen 72, 90
Durchfall 47, 101
Emulsion 55, 56, 57
Entgiftung-
-von Magen und Darm 45
Erfrischung 63, 74, 112
Erkältung 23, 27, 30, 31, 37, 58, 70, 74, 99
Erschöpfung 37, 63
Erste Hilfe-
-bei offenen Wunden 40
-Haferflockenumschlag 93
-in Wald und Wiese 41
Fermentation 51
Fieber 22, 46, 103
Fieber, Umschläge mit Heilerde 46
Finger, kalte 90
Fingernägel, brüchig 67
Flöhe 85
Frühjahrsmüdigkeit 12
Fruchtbarkeit 105
Fußbad 31
Füße, kalte 90
Gärung 14
-Abstoppen 16
Gärzeit 13
Gallenproduktion, erhöhte 91
Geister, böse 81
Gelenkschmerzen 117
Geschwür, offen 77, 79
Gesicht-
-Mandelkleie 60
-Öl 59
-Reinigung 60, 99
Gichtige Beschwerden 97
Glück 66
Grippe 33, 37
Gurgelwasser 22

Haarausfall 12, 66, 67
Haarkur 63, 64
Haarspliss 65
Haarspülungen 65
Halsschmerzen 25, 27, 95
Haltbarmachung-
-von Säften 16
-durch Säuerung 110, 112
Hämorrhoiden 82
Haut-
-Pflege 60, 99
-Jucken 72
-Rauhe 55, 56, 57
-Rötung 42
-Unreinheiten 33, 67, 71
Hefe 14
Hefe, Abziehen von der 17
Hefenährsalztabletten 13, 17
Heilerde 45, 46
Herzleiden 79
Hexenschuß 37, 97, 98
Hirse 67, 68
Husten 23, 24, 25, 26, 27, 28, 100, 101
Ingwer 90
Ischias 98
Jungbrunnen 111, 112
Kampfer 118
Kater 28, 30
Knochenbrüche 117
Knochenentzündungen 117
Körperpflege 72, 73
Kopfschmerzen 33, 57, 82, 89, 90
Krampfadern 77
Kräuterbad 73
Läuse 87
Lanolin 123
-Seife 121
-Kosmetik 121
Liebe-
-erfolgreich 104
-Liebestrank 101, 109
-Milch 104
Lungen 27

Magenbeschwerden 45, 47, 82, 90
Magenkrämpfe 97
Magensaft, Anregung des 90
Magenverstimmung 32, 33
Massageöle 75
Mazeration (Kaltauszug) 126
Melancholie 76
Menstruation 108
Meth, süß-sauer 14
Mineralmangel 67
Monatshygiene 108
Mottenmittel 86, 96, 97
Mücken 84, 85, 87
Mückenstiche 41, 42
Mundpflege 80
Muskelkater 35, 37
Muskelschmerzen 38, 50, 72
Muskelzerrung 72, 77
Nackenschmerzen 35, 38
Nagelbettentzündung 91
Nasenbluten 40
Nerven 79, 97
Ohrenschmerzen 33, 87, 89
Parfümherstellung 125
Pickel 33
Quetschungen 55, 77, 117
Rauchen, abgewöhnen 94
Rheuma 35, 38, 66, 97
Rosenwasser 124
Rückenschmerzen 35, 101
Saft, Haltbarmachung 16
Salbengrundlage 54
Scheide, Jucken in der 106, 107
Schlaflosigkeit 79, 96
Schnaken 85
Schnittwunden 40, 41
Schnupfen 29, 89, 99
Schwindel 33
Seife-
-alkalisch 119
-seifenfrei 60, 120
Sexualtonikum 105
Sodbrennen 33, 43, 82

Sommersprossen 61, 62
Sonnenbrandmittel 42
Sonnenschutzmittel 59, 76
Spliss 65
Stillende Mütter 39
Tabak 51, 52, 53
Tampons 108
Tinkturen 125
Trichomonaden 106
Tumore 82
Unterleibsschmerzen 97
Verdauungsstörungen 102
Verletzungen 41, 93, 117
Verstauchungen 46, 117
Verstopfung 44, 101
Warzen 91, 92
Wasserenthärtung 127
Weinherstellung - allgemein 14
-zu Hause 16
-Bärenklau 19
-Birkenmeth 13
-Herzwein 79
-Holunderblütenwein 20
-Zwetschgenwein 17
Wespenstich 41, 42
Wunden, bei Tieren 40
Wunden, erste Hilfe 46
Wunden 40, 41, 55, 77, 93, 117
Wundreinigung 33
Wundwachs 11
Wurmmittel 83, 84
Zähne, weiße 62
Zahnfleisch, entzündetes 80
Zahnpflege 50
Zahnschmerzen 33, 94, 95
Zwetschgenwein 17

**Auf folgenden Seiten finden
Sie weitere Bücher aus dem
Verlag Bruno Martin**

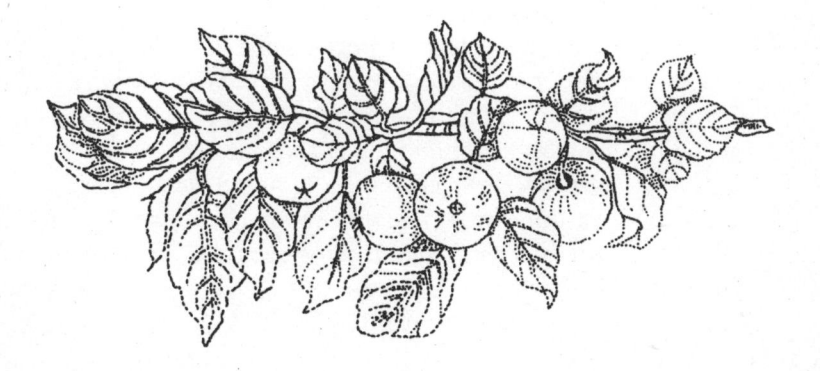

LEBENSBUCH
Winfried Günther

Biologische Ernährung von A-Z mit über 130 Kochrezepten und vielen Illustrationen

Dieses Ernährungshandbuch erklärt die wichtigsten biologischen Nahrungsmittel wie Agar Agar, Aduki-Bohnen, verschiedene Brote mit und ohne Hefe, Edelhefeflocken, alle Getreidearten, Gomasio, Kartoffeln, Kichererbsen, Kokoh, Kuchen und Süßigkeiten ohne Zucker, Kuzu, Marmeladenherstellung ohne Zucker und ohne Kochen, Mebosi-Pflaumen, Milchsäuregärung, Miso, Müsli, Nüsse, Öle und Fette, saure Milchprodukte, Salz, Seegewächse, Sojabohnen, Sojafleisch, Sonnenblumenkerne, Getreidesproßen, Tahini, Tamari und Shoyu, Tees, Tofu und Sojamilch, Triebmittel für Brot, Vollkornmehl, Süßungsmittel.

Zu allem gibt es praktische Rezepte, die auch Anfängern zeigen, wie sie gesund und doch vielseitig und schmackhaft kochen können. Dieses Buch ist ein guter Einstieg in eine gesunde Ernährungsweise! Winfried Günther arbeitete längere Zeit in einem Bio-Laden und hat die meisten Rezepte selbst erprobt. Z.Zt. studiert er Ernährungswissenschaften.

Winfried Günther Magdalena Martin
Naturkostschleckereien

Jeder der gesund leben will, möchte oft nicht auf Süßigkeiten verzichten.
Es gibt viele Alternativen: Schleckerein, Bonbons, Marmeladen, Eiskremes, Gebäck, Kuchen, Pudding usw. ohne weißes Mehl, ohne weißen Zucker und ohne jegliche Chemikalien.
Sämtliche Rezepte des Buches verwenden nur Vollkornmehl, Honig, Malz, Ahornsirup und natürliche Dickungsmittel wie Kuzu.
Die Naturkostliebhaber brauchen ihr Verlangen nach süßen Schleckereien nicht zu unterdrücken!
Auch die Kinder haben große Freude daran, wie uns viele Zuschriften von Eltern bestätigen, die endlich das leidige Problem, die Kinder von schlechten Süßigkeiten wegzubringen, mit diesen Rezepten gelöst haben!
Bestellungen mit Verrechnungsscheck direkt beim Verlag oder in Naturkostläden und dem Buchhandel.

Das neue Buch von Winfried Günther!
In Zusammenarbeit mit Magdalena Martin. 128 S., DM 11,-

Verlag Bruno Martin

Michio Kushi
Das Buch der Makrobiotik

Ein universaler Weg
zu Gesundheit und Lebensfreude

240 Seiten, DM 24,-, über 30 Illustrationen
3. Auflage!

Makrobiotik in seiner traditionellen Bedeutung aus der Zeit der alten Griechen ist, umfassend gesehen, der Weg für Gesundheit, langes Leben und Glück durch die Anwendung des kosmologischen Verständnisses des Lebens. Makrobiotik in seiner heutigen Bedeutung auf der ganzen Welt hat seinen Ursprung im Verständnis der östlichen Lebensphilosophie. Es ist der Weg, den universellen Traum der Menschheit zu erreichen. Seit dem Beginn der Erziehung in der makrobiotischen Lebensweise, die hauptsächlich Georges Ohsawa und seinen Lehrern und Mitarbeitern zu verdanken ist, hat sich das Leben zahlreicher Menschen aus körperlichem, seelischem und geistigem Unglück in Gesundheit und Freiheit verwandelt.

Dieses Buch ist eine einfache Einführung in die Prinzipien der Gesundheit und des Glücks durch die Ernährungsmethoden, die auf einer Lebensweise gemäß der Ordnung des Universums basieren, der Makrobiotik. Der Inhalt des Buches stellt einen Teil dessen dar, was der Autor in den vergangenen 5000 Vorlesungen und Seminaren in Amerika und Europa behandelt hat.

„Unser Leben entsteht, wandelt sich, bewegt sich, verfällt und vergeht in diesem Universum entsprechend seiner immerwährenden Ordnung. Unser Leben in diesem Raum und dieser Zeit ist eine schwache Welle, regiert von der Ordnung des Universums, von Yin und Yang." (Michio Kushi)

Der Autor stellt die Prinzipien einer gesunden Ernährungs- und Lebensweise systematisch dar. Er zeigt in allen Einzelheiten, wie wir die Makrobiotik in unserem täglichen Leben anwenden können.

Aus dem Inhalt: Die Degeneration des Menschen — Die Ordnung des Universums — Die menschliche Konstitution und Ernährung — Ernährungsprinzipien — Das Prinzip des Kochens — Die Praxis der natürlichen Lebensweise — Menschliche Krankheiten, ihre Ursachen und Überwindung — Eine friedliche Welt — Die biologische Revolution — Die zukünftige Weltgemeinschaft — Neue ökonomische Grundlagen — Mann und Frau — und vieles mehr.

Natürliche Heilung mit Makrobiotik

Michio Kushi

Nach seinem bemerkenswerten und erfolgreichen "Buch der Makrobiotik" hat Michio Kushi eine starke Herausforderung zur konventionellen Medizin veröffentlicht: "Natürliche Heilung mit Makrobiotik". Auf dem Hintergrund des allgemeinen makrobiotischen Ansatzes zur gesunden und dynamischen Lebensweise bringt Kushi in diesem Buch die besonderen Elemente der Diagnose und Behandlung, mit detaillierten Beschreibungen der Krankheiten der verschiedenen Organsysteme (des Verdauungs-, Atmungs- und Kreislaufsystems, des Lymph-, Nerven- und Sexualsystems) unter besonderer Berücksichtigung der natürlichen Schwangerschaft, Geburt und der Kindervorsorge am Anfang des Lebens und der der Krebs- und Alterskrankheiten am Ende des Lebens.

Dieser Band erscheint gerade rechtzeitig! Das vergangene Jahrzehnt verzeichnete eine breite und gerechtfertigte Abnahme des öffentlichen Vertrauens in die konventionelle Medizin, und in dieser Dämmerung der Flucht vor der medizinischen Technologie kommt der makrobiotische Weg wie eine Brise frischer Luft!

Hunderte von Büchern über Gesundheit und Krankheit kamen mir in den vergangenen Jahrzehnten zur Besprechung auf meinen Schreibtisch, doch das vorliegende Buch von Michio Kushi bietet die wichtigste Alternative zu unser immer erfolgloseren westlichen Schulmedizin.

Dr. med. Robert S. Mendelsohn

Kushis neuestes Buch ist Pflichtlektüre für jeden aufrichtigen Arzt aber ebenso auch für jeden Menschen, ob gesund oder krank, ob alt oder jung. "Natürliche Heilung mit Makrobiotik" ist ein ganz praktisches Lehrbuch. Es geht ausführlich darauf ein, wie Krankheiten entstehen, wie die Symptome richtig diagnostiziert werden, wie die einzelnen Krankheiten durch eine makrobiotische Ernährungszusammenstellung, Umschlägen und anderen einfachen Therapien wirkungsvoll geheilt werden können. Alle wichtigen akuten und chronischen Krankheiten wie Grippe, Pickel, Verdauungsstörungen, Herzkrankheiten, Diabetes, Krebs etc. werden ausführlich behandelt. Dieses Buch hat den Anspruch, eines Tages Teil der Standardausbildung der Ärzte zu werden!

272 Seiten, DM 28,—
(mit vielen Illustrationen)

Michio Kushi's DO-IN-Buch
Übungen zur körperlichen und geistigen Entwicklung

DO-IN ist eine der traditionellen fernöstlichen Übungen zur Entwicklung von körperlicher Gesundheit, psychischer Ausgeglichenheit und geistigem Wachstum.
Es besteht aus einer Vielfalt von Übungen: Sitzhaltungen, Atemtechniken, Summen von Vibrationslauten, Gymnastik, Meditation, Akupressur und Yoga-ähnlichen Übungen. Diese können in verschiedensten Kombinationen und Reihenfolgen ausgeführt werden. DO-IN ist eine Ergänzung der makrobiotischen Lebensweise und Ernährung und kann von allen Menschen in jeder Situation allein ausgeübt werden. Es ist ein großartiger Beitrag zur Gesundheit, Lebensfreude und Freiheit, die Grundlage einer friedvollen Welt.
Die Übung des DO-IN lenkt die äußeren Energien ins körperliche und spirituelle Selbst. Dadurch wird eine Einheit zwischen der äußeren und inneren Welt erreicht. Die Bewegungen des DO-IN sind einfach und natürlich. Die Techniken sind intuitiv und aufeinanderfolgend als Reihe von verschiedenen Bewegungen. Wenn wir üben, sollte unsere DO-IN-Bewegung ein Teil der Bewegung des Universums darstellen.

Der Autor
Michio Kushi ist heute der bekannteste Lehrer der Makrobiotik und wurde in Deutschland durch Seminare und vor allem sein „Buch der Makrobiotik" bekannt, ein Standardwerk zur gesunden Ernährung und Lebensweise. Michio Kushi lehrt die Makrobiotik und fernöstliche Medizin in allen größeren Städten und Zentren der USA und Europa seit über 25 Jahren und DO-IN seit über 10 Jahren. Er entwickelte die traditionellen Techniken des DO-IN im Laufe dieser Jahre weiter und man kann sagen, daß sein DO-IN-Buch das ausführlichste und umfangreichste Werk der Kunst der Selbstmassage ist.
320 Seiten, DM 26,—. Über 300 Illustrationen und Photos.
ISBN 3-921786-20-7